Le terre
34

I edizione: novembre 2001
© 2001 Gore Vidal
© 2001 Fazi Editore srl
Via Isonzo 42c, Roma
Tutti i diritti riservati
Titoli originali: *September 11th and After, The Meaning of Timothy McVeigh, Shredding the Bill of Rights, The New Theocrats*
Traduzione dall'americano di Laura Pugno
Grafica di Maurizio Ceccato

ISBN: 88-8112-310-x

www.fazieditore.it

Gore Vidal

LA FINE DELLA LIBERTÀ

VERSO UN NUOVO TOTALITARISMO?

traduzione di Laura Pugno

Fazi Editore

Premessa

Alcuni lettori, considerando l'immagine di copertina – la Libertà imbavagliata – penseranno che, se i miei scritti sono stati così ampiamente pubblicati negli Stati Uniti, sebbene in maniera discontinua, allora non può esserci censura. I miei scritti che vertono su argomenti delicati vengono però pubblicati con riluttanza, e solo perché, in cinquant'anni, mi sono guadagnato una schiera di lettori fedeli. Tuttavia, ora che l'America ci dà dentro più del solito, con la sua guerra perpetua per la pace perpetua, si è impedita la pubblicazione del primo saggio che appare in questo volume.

Dopo gli eventi dello scorso 11 settembre, Arno J. Mayer, professore emerito di Storia a Princeton, uno dei nostri più illustri intellettuali, ha scritto *Untimely Reflections* ('Riflessioni inattuali'), in cui spiega perché è successo quel che è successo. Nessuno ha accettato di pubblicarlo, neanche «The Nation», con cui io stesso collaboro. Alla fine, è uscito su «Le Monde». Ecco alcuni passaggi che agli americani – a meno che non conoscano il francese o, adesso, l'italiano – non è concesso leggere.

In epoca moderna, fino a oggi, gli atti di terrore individuale sono stati l'arma dei deboli e dei poveri, mentre gli atti di terrore economico e di Stato sono stati l'arma dei forti. In entrambe le forme occorre naturalmente distinguere tra obiettivi e vittime. Questa distinzione è quanto mai chiara al riguardo del fatale attacco al World Trade Center: l'obiettivo è uno dei maggiori simboli e fulcri del potere economico e finanziario globale; la vittima è la forza-lavoro, sventurata e (parzialmente) subalterna. La distinzione non si applica all'attacco al Pentagono, il comando militare supremo – l'*ultima ratio regum* – della globalizzazione capitalista, anche se ha provocato, per utilizzare il linguaggio del Pentagono, danni "collaterali" in termini di vite umane.

A conti fatti, dal 1947 gli Stati Uniti sono stati l'avanguardia e il principale esecutore del terrore "preventivo" di Stato, agendo però esclusivamente nel Terzo Mondo e dunque in maniera notevolmente dissimulata. Oltre ai consueti colpi di Stato durante la guerra fredda, operati in competizione con l'Unione Sovietica, Washington ha fatto ricorso all'assassinio politico, a squadroni della morte e a riprovevoli paladini della libertà (fra i quali Bin Laden). Ha orchestrato l'uccisione di Lumumba e di Allende; ha provato a fare lo stesso con Castro, Gheddafi e Saddam Hussein; ha posto il proprio veto contro qualunque sforzo di mettere un freno non solo alle violazioni di accordi internazionali e risoluzioni ONU da parte di Israele, ma anche al terrore preventivo che questo Stato ha esercitato.

Come in Europa sappiamo, «Le Monde» è un giornale intellettualmente alto e di tendenza moderata, che da sempre sostiene Israele. E il professor Mayer, da parte sua, la "laurea" se l'è presa nei campi di concentramento.

L'undici settembre e dopo

Secondo il Corano, fu di martedì che Allah creò le tenebre. Lo scorso 11 settembre, quando un gruppo di piloti suicidi ha fatto schiantare tre aerei di linea contro altrettanti edifici americani pieni di gente, non ho avuto bisogno di guardare il calendario per sapere che giorno fosse: il Martedì delle Tenebre stava allungando la sua lunga ombra su Manhattan e sul fiume Potomac. E non mi ha sorpreso nemmeno il fatto che, malgrado i circa settemila miliardi di dollari spesi dal 1950 a oggi per quella che viene eufemisticamente chiamata "difesa", non ci sia stato nessun preallarme da parte dell'FBI o della CIA o della Defense Intelligence Agency.

Mentre i bushiti si preparavano entusiasticamente alla terz(ultima) guerra (missili provenienti dalla Corea del Nord, chiaramente identificabili grazie alle apposite bandierine, pioverebbero su Portland, nell'Oregon, se non fosse per il nostro bel palloncino, lo scudo spaziale), il volpone Osama bin Laden sapeva che per la sua guerra santa contro l'infedele non c'era bisogno che di un manipolo di aviatori pronti a morire insieme a quei passeggeri che casualmente si fossero trovati sugli aerei dirottati. Come molti di quelli che sono nati ricchi, Osama non è uno che butta via i soldi. A quanto pare, i biglietti aerei dei diciannove dirottatori identificati sono stati pagati con carta di credito. Sospetto che la United e l'American Airlines non verranno mai rimborsate dall'American Express, i cui uffici di New York sono stati – inconsapevolmente? – distrutti da Osama.

Dall'aereo che si è schiantato in Pennsylvania, un passeggero ha telefonato per dire che lui e più o meno una decina di altri uomini, tra cui diversi atleti, avrebbero attaccato i dirottatori. «Muoviamoci!», ha urlato. Si è sentito il rumore di una colluttazione. Quindi un urlo. Poi silenzio. L'aereo, che presumibilmente mirava alla Casa Bianca, è precipitato in un campo nei pressi di Pittsburgh. Abbiamo sempre avuto dei civili saggi e coraggiosi. Sono i militari e i politici e i media che ci preoccupano. In fondo, non avevamo più a che fare con attentatori suicidi dai tempi dei kamikaze, come li chiamavamo nel Pacifico. È lì che ho pigramente fatto il soldato durante la seconda guerra mondiale. A quei tempi il nemico era il Giappone. Ora, Bin Laden... i musulmani... i pakistani... Uno dopo l'altro.

Squilla il telefono. Una voce sconvolta dagli Stati Uniti. «Berry Berenson è morta... Era sull'aereo». Il mondo stava diventando surreale. Arabi. Coltelli di plastica. La bella Berry. Che cosa mai avevano questi singoli elementi in comune gli uni con gli altri se non un appuntamento inaspettato in Samaria con quel viaggiatore instancabile che è la Morte?

Il telefono continua a squillare. D'estate vivo in Italia, a sud di Napoli. I giornali italiani, la TV, la radio, vogliono commenti. E anch'io. Recentemente ho scritto di Pearl Harbor. Da allora mi fanno sempre la stessa domanda: «Non è proprio come quella domenica mattina del 7 dicembre 1941?». No, non lo è, dico io. Per quanto ne sappiamo *ora*, non avevamo ricevuto nessun preavviso dell'attacco di martedì 11. Naturalmente, il nostro governo ha molti, molti segreti di cui i nostri nemici a quanto pare vengono a conoscenza sempre con grande anticipo, mentre il nostro popolo ne viene informato – se mai ne viene informato – solo molti anni dopo. Il presidente Roosevelt provocò i giapponesi perché ci attaccassero a Pearl Harbor. Ho descritto le varie mosse di Roosevelt in un libro, *L'età dell'oro*. Oggi sappiamo che cosa aveva in mente: venire in aiuto dell'Inghilterra contro l'alleato del Giappone, Hitler. Un piano virtuoso che è finito in un trionfo per la razza umana. Ma che cosa aveva e che cosa ha in mente Bin Laden?

Per diversi decenni il mondo islamico è stato inesorabilmente demonizzato dai media americani. Visto che sono un leale cittadino americano, non dovrei dirvi *perché* è accaduto tutto ciò: del resto non è nostra abitudine indagare sul perché qualcosa – *qualsiasi cosa* – accada. Preferiamo accusare gli altri di malvagità immotivata. «Noi siamo il bene», ha dichiarato un profondo pensatore alla TV americana, «loro sono il male»: e il pacchetto è pronto. A metterci, per così dire, il fiocco è stato poi Bush in persona con il suo discorso davanti alle Camere riunite, occasione in cui il presidente ha elargito ai parlamentari – e in qualche modo a tutti noi della cerchia – la sua profonda conoscenza delle astuzie e delle usanze dell'Islam: «Odiano ciò che vedono qui in quest'aula». Un milione di americani hanno annuito davanti al televisore. «I loro leader si sono autonominati. Odiano le nostre libertà, la nostra libertà di culto, la nostra libertà di parola, la nostra libertà di votare e di riunirci in assemblea e di dissentire gli uni dagli altri». In quel momento toccante, c'è stato un cittadino americano che non abbia levato le fauci come un alligatore della Florida alla vista dell'esca?

Ammesso che il quarantaquattrenne saudita Bin Laden sia davvero il primo responsabile, sappiamo incredibilmente poco di lui. Possiamo presumere che appoggi i palestinesi nella loro insurrezione contro gli israeliani nati in Europa e negli Stati Uniti, molti dei quali sono intenti a stabilire uno stato teocratico in quella che doveva essere una terra santa comune per ebrei, musulmani e cristiani. Ma se Osama ha mai versato lacrime per Arafat, queste hanno lasciato ben poca traccia. Allora perché lui e milioni di altri musulmani ci odiano? Cominciamo allora a occuparci di Osama. È un tipo alto un metro e novantasei, che fa il proprio ingresso nella storia nel 1979. Allora era un guerrigliero e lavorava insieme alla CIA per difendere l'Afghanistan dall'invasore sovietico. È un anticomunista? No. La domanda è irrilevante. In realtà, è contro la presenza degli infedeli nella terra del Profeta. E questo vale anche per noi.

Ritenuto immensamente ricco, Osama in realtà vale "solo" pochi milioni di dollari, secondo un suo parente. Fu suo padre a creare una favolosa fortuna grazie a un'impresa di costruzioni che si specializzò nell'edificare palazzi per la famiglia reale saudita. La società oggi vale diversi miliardi di dollari, presumibilmente suddivisi tra i cinquantaquattro fratelli e sorelle di Osama. Nonostante parli un ingese perfetto, ha studiato esclusivamente a Jeddah, nell'Arabia Saudita. Molti dei suoi fratelli vivono nei dintorni di Boston e versano cospicue somme a Harvard. Gran parte della sua famiglia sembra averlo diseredato e molti dei suoi beni nel regno saudita sono stati congelati.

Da dove vengono, oggi, i soldi di Osama? È un superbo raccoglitore di fondi per Allah, ma solo all'interno del mondo arabo; contrariamente a quanto vuole la leggenda, non ha preso soldi dalla CIA. Si è anche distinto come un superbo organizzatore in Afghanistan. Nel 1988 avvertì il re saudita che Saddam Husseim stava per invadere il Kuwait. Osama credeva che, grazie alle sue vittorie personali nella guerriglia contro i russi, i sauditi si sarebbero serviti di lui e della sua organizzazione per fermare gli iracheni. Con grande orrore di Osama, re Fahd chiamò gli americani; così gli infedeli si stabilirono sulle sabbie sacre a Maometto. «Quello», ha detto bin Laden, «fu il momento più terribile della mia vita». Essere un "infedele", nella sua accezione, non ha il significato, di modesta importanza morale, di tradire sessualmente il partner; piuttosto indica assenza di fede in Allah, l'unico Dio, e in Maometto, il suo profeta.

Osama riuscì a convincere quattromila sauditi a recarsi in Afghanistan per ricevere un addestramento militare dal suo gruppo. Nel 1991 si trasferì in Sudan. Nel 1994, quando i sauditi gli ritirarono la cittadinanza, Osama era già una figura leggendaria nel mondo islamico e così, come il Coriolano di Shakespeare, poté dire alla famiglia reale saudita: «Vi bandisco. C'è un mondo altrove». Sfortunatamente, quel mondo siamo noi.

In una "dichiarazione di guerra" di dodici pagine, Osama si presentò come il potenziale liberatore del mondo islamico dal grande Satana della corruzione moderna, gli Stati Uniti.

Mentre Clinton scagliava un missile contro una fabbrica sudanese di aspirine, Osama faceva saltare due delle nostre ambasciate in Africa, apriva una falla nel fianco di una nave da guerra americana al largo dello Yemen e così via fino agli eventi di martedì 11 settembre. Ora, il presidente George W. Bush, per rappresaglia, ci ha promesso non solo una «nuova guerra», ma una guerra segreta. Segreta, naturalmente, non per Osama ma solo per noi che la finanziamo e la combattiamo. «Quest'amministrazione non parlerà dei piani che ha o non ha», ha dichiarato Bush. «Troveremo i criminali [...] e gli faremo scontare le loro colpe», a lo-

ro e a quegli altri satanassi che hanno dato rifugio a
Osama, perché imparino la lezione che noi per primi
non siamo mai stati capaci di imparare: nella storia, come in fisica, non c'è azione senza reazione. O, nelle parole di Edward S. Herman: «Uno dei tratti più dure-
voli della cultura statunitense è l'incapacità o il rifiuto
di riconoscere i crimini commessi dagli Stati Uniti».

Quando Osama aveva quattro anni, andai al Cairo
per un'intervista con Nasser che doveva uscire su
«Look Magazine». Fui ricevuto da Mohammed Hekal,
il primo consigliere di Nasser. Quanto a Nasser in persona, non l'avrei incontrato. Era alla Barricade, il suo
ritiro sul Nilo. In seguito, scoprii che era appena falli-
to un complotto per assassinarlo e che il presidente si
trovava al sicuro in isolamento. Hekal parlava un inglese perfetto; era sardonico, cinico. «Stiamo studian-
do il Corano per trovare qualcosa sul controllo delle
nascite». Sospirò.

«Non vi è d'aiuto?».

«Non molto. Ma continuiamo a cercare un verset-
to». Parlammo a più riprese per una settimana. Nasser
voleva modernizzare l'Egitto. Ma c'era un elemento
reazionario, religioso... Un altro sospiro. Poi una sorpresa. «Abbiamo scoperto qualcosa di molto strano, i
ragazzini dei villaggi, quelli più svegli, che facciamo stu-
diare per diventare chimici, ingegneri e così via, diventano dei fanatici religiosi e si rivoltano contro di noi».

«Di destra?».

«Molto». Hekal era un figlio spirituale del nostro
Illuminismo. Ho pensato a Hekal quel Martedì delle
Tenebre, quando un esponente di quella generazione
di arabi che lui ha contribuito a modernizzare ha col-
pito, nel nome dell'Islam, proprio quello che qua-
rant'anni prima era stato per Nasser il modello dello
Stato moderno. Eppure, da quanto si diceva di lui,
Osama era solo un musulmano praticante, e non un

fanatico. Ironia della sorte, anche lui aveva studiato ingegneria. È comprensibile che non ami gli Stati Uniti, né come simbolo né come realtà. Ma quando i nostri clienti, i reali dell'Arabia Saudita, consentirono alle truppe americane di occupare la Terra Santa del Profeta, Osama diede ai suoi acerrimi nemici l'appellativo di "alleanza crociato-sionista". Così, in un'unica frase, definì se stesso e ricordò ai suoi critici di essere un musulmano wahabita, un attivista puritano non diverso dai nostri buffoni alla Falwell e Robertson[1]. Solo che faceva sul serio. Voleva entrare in guerra contro "la testa del serpente": gli Stati Uniti d'America. Un altro suo progetto, ancora più ambizioso, mirava poi a liberare tutti gli stati islamici dai loro regimi sostenuti dall'Occidente, a partire da quello della sua terra natia. La parola "crociati" tradisce le sue intenzioni. Agli occhi di molti musulmani l'Occidente cristiano, al momento alleato dei sionisti, cerca da un migliaio di anni di impadronirsi delle terre dell'Ummah[2], le terre dei veri credenti. È per questo che Osama, agli occhi di tanta gente comune, è il vero erede del Saladino, il grande re guerriero che sconfisse Riccardo d'Inghilterra e i crociati d'Occidente.

Chi era il Saladino? Visse dal 1138 al 1193. Era un curdo armeno. Nel secolo precedente alla sua nascita, i cristiani d'Occidente avevano creato un loro regno a Gerusalemme, con grande orrore dei fedeli musulmani. Un po' come gli Stati Uniti si sono serviti della guerra del Golfo come pretesto per la loro attuale occupazione dell'Arabia Saudita, così il Saladino riunì un esercito per scacciare i crociati. Conquistò l'Egitto, si annetté la Siria e infine abbatté il regno di Gerusalemme in una guerra santa che vide i musulmani schierati contro i cristiani. Unificò e "purificò" il mondo islamico e Riccardo Cuor di Leone, nonostante fosse un generale migliore di lui, alla fine lasciò perdere e se

ne tornò a casa. Come spiega uno storico, il Saladino
«personifica il totale sacrificio di sé, predicato da
Maometto, a una causa santa». Ma dietro di sé non lasciò né un governo né un sistema politico perché, come lui stesso diceva: «Quando cavalco alla testa delle
mie truppe dietro di loro non cresce più l'erba». Ora
il suo spirito è tornato per vendicarsi.

L'amministrazione Bush, pur essendo sinistramente incapace in tutto ciò che non rientra nel suo compito principale, cioè esentare i ricchi dalle tasse, ha di-
sinvoltamente fatto carta straccia della maggior parte
dei trattati sottoscritti dalle nazioni civili, come il pro-
tocollo di Kyoto o il trattato sui missili nucleari con la
Russia. Mentre perseverano nel loro implacabile sac-
cheggio del Tesoro e, grazie a Osama, anche del Social
Security[3] (un fondo di garanzia considerato intoccabile e che adesso, come se si trattasse dei soldi del Monopoli, è stato devoluto alla guerra), i bushiti hanno
permesso all'FBI e alla CIA di scatenarsi – o in altri casi di non muovere un dito – lasciando noi, il primo e
ultimo "indispensabile" impero globale a grande richiesta del pubblico, nei panni del Mago di Oz, a fare i nostri buffi giochetti di prestigio sperando di non
essere scoperti. L'ultimo proclama bushita al mondo:
«O siete con noi o siete con i terroristi». Questo si
chiama andarsela a cercare.

Per amor di giustizia, non si può dare la colpa della nostra incoerenza solo ed esclusivamente all'Ovale
di turno. Sebbene i suoi predecessori abbiano avuto,
di norma, QI decisamente più elevati del suo, anche loro hanno servito assiduamente quell'1 per cento che
possiede il paese, lasciando che tutti gli altri andasse-
ro in malora. Colpevole in modo particolare è Bill
Clinton. Anche se è stato il più abile capo dell'esecu-
tivo dai tempi di Franklin Delano Roosevelt, Clinton,

nel suo frenetico inseguimento delle vittorie elettorali, ha caricato il grilletto di uno Stato di polizia che il suo successore adesso è ben felice di premere.

Uno Stato di polizia? Di che cosa si tratta? Nell'aprile del 1996, un anno dopo l'attentato di Oklahoma City, il presidente Clinton firmò l'Anti-Terrorist and Effective Death Penalty Act, una di quelle leggi concertate tra le Camere, cui spesso contribuiscono molte mani poco pulite. Per esempio, quelle di Bob Dole, il co-sponsor del provvedimento e leader della maggioranza al Senato. Anche se per vincere le elezioni Clinton ha fatto parecchie cose stupide e opportunistiche, raramente, come Carlo II, ne ha mai detta una. Ma di fronte all'opposizione nei confronti della legislazione anti-terrorismo (che non solo dà al procuratore generale il potere di ricorrere alle forze armate contro la popolazione civile annientando elegantemente il Posse Comitatus Act del 1878, ma sospende anche, con deliberata precisione, l'*habeas corpus*[4], il cuore della libertà anglo-americana), Clinton accusò i suoi critici di «scarso patriottismo». Poi, avvolto nella bandiera, parlò dal trono: «Non c'è niente di patriottico nella pretesa che si possa amare il nostro paese ma disprezzarne il governo». Il che ci toglie il fiato, dato che capita, prima o poi, alla maggior parte di noi. Per metterla in un altro modo, un tedesco che nel 1939 sostenesse di odiare la dittatura nazista era un antipatriottico?

Segnali infausti che le nostre fragili libertà fossero drammaticamente in pericolo si sono avvertiti sin dagli anni Settanta, quando l'FBI si trasformò, da un corpo di "generalisti" in giacca e cravatta, esperti di giurisprudenza e di economia, nell'aggressivo SWAT (Special Weapons And Tacticts, 'Tattiche e Armi Speciali'), un esercito di guerrieri tipo berretti verdi, in tuta mimetica, abiti ninja e, durante alcune missioni segrete, buffi occhiali da sci. Nei primi anni Ottanta venne creata, nell'FBI, una squadra super-SWAT, l'Hostage 270 Rescue Team. Come capita spesso nel gergo degli Stati Uniti, la squadra non era affatto specializzata nel salvataggio di ostaggi o di vite umane ma in attacchi omicidi a gruppi che gli avevano recato offesa, come i Branch Davidians – cristiani avventisti che vivevano pacificamente nel loro complesso di Waco nel Texas finché una squadra SWAT dell'FBI, servendosi illegalmente dei carri armati dell'esercito, non ne uccise ottantadue, tra cui venticinque bambini. Era il 1993.

Dopo il fatidico Martedì, la squadra SWAT verrà utilizzata per dare la caccia a tutti i sospetti di origine araba e, in pratica, a chiunque possa essere ritenuto colpevole di terrorismo, parola che non ha una definizione legale (come si può combattere il terrorismo sospendendo l'*habeas corpus*, nel momento in cui coloro che vorrebbero vedere i propri corpi liberi dalla prigione sono già dietro le sbarre?). Nello shock post-Oklahoma City, Clinton dichiarò che coloro che non appoggiavano la sua legislazione draconiana erano dei fiancheggiatori che volevano trasformare «l'America in un rifugio per terroristi». Se il freddo Clinton si è fatto venire la bava alla bocca, che cosa dobbiamo aspettarci dalla testa calda Bush, nel dopo-Martedì?

Detto per inciso, quelli che sono rimasti turbati dalla dichiarazione di Bush il Giovane che ormai siamo «in guerra con Osama» e con quella parte del mondo islamico che lo sostiene dovrebbero tutti fermarsi un attimo a riflettere. Dato che una nazione può essere in guerra solo con un altro stato-nazione, perché il nostro ardente, se non ancora incandescente Bush se ne è uscito con una frase del genere? Pensateci bene. Questo inciderà sul vostro voto d'esame. Vi arrendete? Be', il fatto è che la maggior parte delle compagnie di assicurazione hanno una clausola che dichiara che non sono tenute a pagare per i danni causati da «azioni belliche». Anche se gli uomini e le donne che circondano Bush non sanno nulla della guerra e meno ancora della nostra Costituzione, sanno bene che cos'è la ricerca di finanziamenti. In cambio di quest'esonero da tempi di guerra, la Hartford Life romperà il salvadanaio e finanzierà i repubblicani per molti anni a venire. È stato il maligno «Washington Post» a sottolineare che, per le leggi degli Stati Uniti, solo una nazione sovrana, e non un pugno di estremisti, può commettere un'«azione bellica». Peccato, caro WP. Ciò significa, in pratica, che Noi, il Popolo degli Stati Uniti, con i soldi delle nostre tasse, avremo l'occasione di tirare fuori dai pasticci le compagnie di assicurazione, un raro privilegio, che non viene mica accordato a ogni generazione.

Sebbene il popolo americano non abbia gli strumenti diretti per influenzare chi lo governa, occasionalmente le sue "opinioni" vengono scandagliate grazie ai sondaggi. Nel novembre 1995, secondo un sondaggio di CNN-«Time», il 55 per cento della popolazione era convinto che il governo federale fosse «diventato così potente da rappresentare una minaccia per i diritti dei comuni cittadini». Tre giorni dopo il Martedì delle Tenebre, il 74 per cento ha dichiarato che «gli americani dovranno rinunciare a una parte delle loro libertà personali». L'86 per cento si è detto a favore di guardie e metal detector negli edifici e nelle sedi di eventi pubblici. Così, mentre lo stato di polizia prende comodamente posto, possiamo immaginarci Cheney e Rumsfield mentre studiano queste cifre, con il volto trasfigurato dalla gioia. «È quello che hanno sempre voluto, Dick».

«E pensare che non lo sapevamo, Don».

«Tutto grazie a quei liberal, Dick».

«Ora gli mettiamo le mani addosso a quei bastardi, Don».

Sembra che i nostri media soffrano d'amnesia e abbiano dimenticato che un tempo abbiamo sostenuto energicamente Saddam Hussein nella guerra Iran-Iraq, inducendolo a pensare, direi realisticamente, che non ce la saremmo presa se si fosse impossessato delle stazioni di servizio del Kuwait. Dal giorno alla notte il nostro impiegato è diventato Satana, e così continuiamo a definirlo mentre tormentiamo il suo popolo nella speranza che insorga e lo rovesci. Proprio come una cinquantina d'anni fa presumevamo che i cubani, sfiniti dalla povertà (di cui gli Stati Uniti erano responsabili), avrebbero mandato a casa Castro, il cui solo crimine era quello di aver impedito ai fratelli Kennedy di schiacciarlo con la cosiddetta operazione Mangusta.

Il nostro imperiale disdegno per le razze inferiori non è sfuggito all'ultima, istruita generazione di sauditi e al loro leader *in fieri*, Osama bin Laden, il cui momento è venuto nel 2001, quando un presidente americano debole è entrato in carica in circostanze discutibili.

Il «New York Times» è il principale dispensatore delle opinioni che arrivano dall'America delle corporation. In genere il giornale prende una posizione ferma, o almeno ci prova. Tuttavia, nell'edizione del 13 settembre, gli editoriali del NYT erano tutti un po' dimessi.

Sotto il titolo *Demands of Leadership* ('Esigenze della leadership'), il NYT sembrava quasi contento. Andrà tutto bene se lavori duro e tieni d'occhio la palla, *Mr President*. A quanto pare Bush «deve affrontare molteplici sfide, ma il suo compito più importante è una semplice questione di leadership». Grazie a Dio. Non solo non serve altro, ma è anche *semplice*! Per un momento... Poi il NYT ci fa vedere le cose come stanno, invece che come dovrebbero stare. «L'amministrazione ha trascorso gran parte della giornata di ieri cercando di superare l'impressione che Bush abbia dato prova di debolezza, non rientrando a Washington dopo l'attacco dei terroristi». Da quel che ho visto, la cosa non interessava a nessuno, anzi, alcuni di noi si sentivano leggermente più al sicuro, con lo sventatello nazionale intrappolato nel suo bunker in Nebraska. Pazientemente, comunque, il NYT spiega a Bush, e a noi tutti: «Nei prossimi giorni, Bush potrà chiedere alla nazione di sostenere azioni militari che molti cittadini, e in modo particolare coloro che hanno parenti nelle forze armate, troveranno preoccupanti. Deve dimostrare che sa quello che fa». Centro! Se solo FDR avesse ricevuto lettere del genere da Arthur Krock del vecchio NYT!

Infine, Anthony Lewis ritiene che sia saggio astenersi dall'unilateralismo bushita a favore della cooperazione con altre nazioni. Per contenere le tenebre del Martedì occorre *comprenderne le origini* e smettere di provocare le culture che si oppongono a noi e ai nostri progetti. Lewis, cosa strana per un giornalista del «New York Times», oggi è a favore della pace. E io con lui. Ma è anche vero che noi siamo vecchi, siamo stati in guerra e conosciamo il valore delle nostre libertà (oggi in caduta verticale), a differenza dei fanatici nazionalisti che adesso battono sui loro tamtam in Times Square a favore di una guerra incondizionata che saranno altri americani a combattere.

Come al solito, il giornalista politico più sensato di tutti è stato William Pfaff dell'«International Herald Tribune» (17 settembre 2001). A differenza dei provinciali adoratori della guerra che scrivono sul «New York Times», Pfaff inorridisce allo spettacolo di un presidente americano che ha evitato di servire il suo paese in Vietnam e che ora invoca la guerra non contro una nazione, e neanche contro una religione, ma

contro un solo uomo e i suoi complici, una categoria
suscettibile di indefiniti ampliamenti.

Scrive Pfaff:

> La replica di una nazione civilizzata, che crede nel
> bene, in una società umana, e si oppone al male, deve
> essere strettamente mirata e, soprattutto, intelligente.
> I missili sono armi ottuse. Questi terroristi sono ab-
> bastanza svegli da far sì che siano altri a pagare il
> prezzo per ciò che loro hanno fatto e poi sfruttarne i
> risultati.
>
> Una reazione impazzita da parte degli Stati Uniti, che
> faccia altre vittime, è ciò che essi vogliono: getterà
> benzina sul fuoco dell'odio che già infiamma la loro
> ipocrita certezza di essere nel giusto riguardo i loro
> atti criminali contro persone innocenti.
>
> Ciò che serve agli Stati Uniti è una fredda riflessione
> su come siamo arrivati a questo punto. E ancora di
> più è necessario prevedere i disastri che potrebbero
> nascere in futuro.

La guerra è la scelta che non fa vincere nessuno e fa
perdere tutti. È giunta l'ora di servirsi del buon Kofi
Annan. Per quanto una vendetta totale possa apparire
gloriosa agli occhi dei nostri adoratori della guerra, un
armistizio tra il Saladino e i crociato-sionisti è nell'interesse dell'intera razza umana. Molto prima che i te-
mibili monoteisti torcessero il collo alla storia, era stato il dio Apollo in persona a insegnarci a gestire le faide. Ce ne dà una testimonianza Eschilo nelle *Eumenidi* (un cortese termine greco per le Furie che quotidianamente ci intrattengono sulla CNN). Oreste, per il suo
peccato di matricidio, non può liberarsi delle Furie che
gli danno la caccia ovunque vada. Si appella allora al
dio Apollo, che gli dice di recarsi alle Nazioni Unite,
alias l'assemblea dei cittadini di Atene. Oreste obbedi-
sce e viene assolto, con la motivazione che è necessa-

rio porre fine alle faide di sangue, altrimenti queste coveranno sotto la cenere per sempre, generazione dopo generazione, e alte torri finiranno in fiamme e ci inceneriranno tutti: «La polvere delle nostre strade si abbevererà di nero sangue di cittadini per strappare alle case, in collere vendicatrici di morti, altri morti. E scambio ci sia di gioie nella comune concordia; e unanime odio ai nemici: delle molte calamità unica medicina è questa ai nostri mali»[5]. Che Annan medi tra l'Oriente e l'Occidente, prima che non rimanga più nulla, per nessuna delle due parti, da portare in salvo.

Lo spaventoso danno fisico che Osama e compagnia ci hanno provocato, durante il Martedì delle Tenebre, non è nulla in confronto al doppio colpo da KO inflitto alle nostre libertà in via d'estinzione: l'Anti-Terrorism Act del 1991 e la recente richiesta al Congresso di poteri speciali supplementari. Per esempio, quello di eseguire intercettazioni telefoniche senza mandato giudiziario, oppure quello di deportare residenti legittimi e permanenti, turisti e immigrati privi di permesso di soggiorno senza rispettare le procedure di legge e così via. Persino quel fedele giornaletto cittadino corporativo che è il «Washington Post» si è allarmato: «Il dipartimento della Giustizia sta facendo un uso straordinario dei suoi poteri di arresto e detenzione dei singoli, e, a un ritmo davvero inusuale, sta incarcerando centinaia di persone per reati minori [...]. Sia i giuristi che i cittadini dicono di non ricordare un altro periodo in cui tante persone siano state arrestate e imprigionate senza vincolo d'accusa, particolarmente per reati minori, in assenza di connessioni con il caso di cui ci si sta occupando». E da un ritaglio pre-Osama: «Restrizioni della libertà personale, del diritto della libera espressione delle proprie opinioni, compresa la libertà di stampa, e dei diritti di associazione e di riunirsi in assemblea; violazioni della

privacy delle comunicazioni postali, telegrafiche e telefoniche; permessi di perquisizione, ordini di confisca e restrizioni sulla proprietà sono ritenuti leciti al di
là dei limiti legali altrimenti prescritti».

Il tono è familiare. Viene da un discorso di Hitler
del 1933, che invocava una legge-delega per la «protezione del popolo e dello Stato», dopo il catastrofico
incendio del Reichstag che i nazisti avevano segretamente appiccato.

Un solo membro del Congresso, Barbara Lee della
California, ha votato contro la concessione di poteri
supplementari al presidente. Nel frattempo, un sondaggio del NYT e della CBS segnala che ormai solo il 6
per cento si oppone a una risposta militare, mentre una
maggioranza sostanziale è a favore della guerra, «anche
se molte migliaia di civili innocenti dovessero essere
uccisi». Chiaramente, questa maggioranza è per lo più
troppo giovane per ricordarsi della seconda guerra
mondiale, della Corea o anche del Vietnam. Intanto, il
tasso di gradimento di Bush è balzato dal 50 al 91 per
cento. Tradizionalmente, in tempo di guerra, il presidente diventa un totem come la bandiera. Avendo ottenuto il suo più alto tasso di gradimento proprio dopo la débâcle della Baia dei Porci, Kennedy fece un'osservazione tipica del suo stile: «In questo lavoro, a
quanto pare, più fai cazzate più diventi popolare». I
Bush, padre e figlio, forse ce la possono ancora fare a
salire sul monte Rushmore, anche se forse sarebbe più
economico dare una ritoccatina a quello splendido sosia di Barbara Bush che è George Washington, ag-
giungendo intorno al suo collo di calcare due fili di
perle finte, *in memoriam*, per così dire.

In conclusione, il danno fisico che Osama e i suoi
amici possono infliggerci – per terribile che sia stato
fino a oggi – è niente in confronto a ciò che stanno facendo alle nostre libertà. Una volta alienato, un "dirit-

to inalienabile" può essere perso per sempre, nel qual caso non saremmo più, nemmeno lontanamente, l'ultima e migliore speranza della terra ma solo uno squallido stato imperiale i cui cittadini vengono tenuti a bada dalle squadre SWAT e il cui stile di morte, e non di vita, viene imitato da tutti.

Dal V-J day del 1945 (la *victory over Japan* e la fine della seconda guerra mondiale) siamo stati impegnati in quella che il grande storico Charles A. Beard ha definito «una guerra perpetua per la pace perpetua». Occasionalmente, ho fatto riferimento al nostro club "il nemico del mese": ogni mese c'è un nuovo, orribile nemico da attaccare prima che ci distrugga. Poiché sono stato accusato di esagerare, ecco qui l'albo d'oro, dal Kosovo (1999) al ponte aereo di Berlino (1948-49). Noterete che i compilatori, la Federation of American Scientists, registrano un certo numero di guerre come «ancora in corso», anche se molti di noi se ne sono dimenticati. Nella prima colonna ritroviamo molti fantasiosi titoli dati dal dipartimento della Difesa, come *Urgent Fury*. Per chi non se ne ricorda, era l'attacco di Reagan all'isola di Grenada: un massacro durato un mese che, sostiene in modo un po' antipatriottico il generale Haig, avrebbe potuto essere portato a termine in meno tempo dal dipartimento di polizia di Provincetown.

1. Operazioni in corso

a. Balcani

Joint Guardian	Kossovo	11.VI.1999 - 200?
Allied Force/Noble Anvil Determined Force Cobalt Flash	Kossovo	23.III - 10.VI.1999 8.X.1998 - 23.III.1999
Shining Hope Sustain Hope/Allied Harbour Provide Refuge Open Arms	Kossovo	5.IV.1999 - autunno 1999

Eagle Eye	Kossovo	16.X.1998 - 24.III.1999
Determined Falcon	Kossovo, Albania	15-16.VI.1998
Determined Effort	Bosnia-Erzegovina	VII-XII.1995
Joint Endeavor		XII.1995 - XII.1996
Joint Guard		XII.1996 - 20.VI.1998
Joint Forge		20.VI.1998 - oggi
uomini coinvolti: 6900		
Deliberate Force	Serbo-bosniaci	20.VIII - 21.IX.1995
Quick Lift	Croazia	3.VII - 11.VIII.1995
Nomad Vigil	Albania	1.VII.1995 - 5.XI.1996
Nomad Endeavor	Taszar, Ungheria	III.1996 - oggi
Able Sentry	Serbia, Macedonia	5.VII.1994 - oggi
Deny Flight	Bosnia-Erzegovina	12.IV.1993 - 20.XII.1995
uomini coinvolti: 2000		
Decisive Endeavor/Decisive Edge		I-XII.1996
Decisive Guard/Deliberate Guard		XII.1996 - 20.VI.1998
Deliberate Forge		20.VI.1998 - oggi
Sky Monitor	Bosnia-Erzegovina	16.X.1992 - oggi
Maritime Monitor	Mare Adriatico	16.VII - 22.XI.1992
Meantime Guard		22.XI.1992 - 15.VI.1993
Sharp Guard		15.VI.1993 - XII.1995
uomini coinvolti: 11.700		
Decisive Enhancement		XII.1995 - 19.VI.1996
Determined Guard		XII.1996 - oggi
Provide Promise	Bosnia	3.VII.1992 - III.1996
uomini coinvolti: 1000		

b. Sud-Ovest asiatico

(attacco aereo)	Iraq	26.VI - 13.I.1993
(missili Cruise)		13-17.I.1993
(missili Cruise)		17.I - 26.VI.1993
Desert Strike		3-4.IX.1996
Desert Thunder		II.1998 - 16.XII.1998
Desert Fox		16-20.XII.1998
Shining Presence	Israele	XII.1998
Phoenix Scorpion IV	Iraq	XII.1998
Phoenix Scorpion III		XI.1998
Phoenix Scorpion II		II.1998
Phoenix Scorpion I		XI.1997
Desert Focus	Arabia Saudita	VII.1996 - oggi

Vigilant Warrior	Kuwait	X-XI.1994
Vigilant Sentinel		VIII.1995 - 15.II.1997
Intrinsic Action		1.XII.1995 - 1.X.1999
Desert Spring		1.X.1999 - oggi
Iris Gold	Sud-Ovest asiatico	1993 - oggi
Pacific Haven/Quick Transit	Iraq, Guam	15.IX- 16.XII.1996
Provide Comfort	Kurdistan	5.IV.1991 - XII.1994
uomini coinvolti: 42.500		
Provide Comfort II		24.VII.1991 - 31.XII.1996
Northern Watch		31.XII.1996 - oggi
uomini coinvolti: 1100		
Southern Watch	Sud-Ovest asiatico,	1991 - oggi
uomini coinvolti: 14.000	Iraq	
Desert Falcon	Arabia Saudita	1991 - oggi

c. Altre operazioni

Korea	Corea	in corso
New Horizons	America centrale	in corso
Sierra Leone	Sierra Leone	in corso
MONUC [UN PKO]	Congo	II.2000 - oggi
Resolute Response	Africa	VIII.1998 - oggi
Gatekeeper	California	1995 - oggi
Hold-the-Line	Texas	
Safeguard	Arizona	
Golden Pheasant	Honduras	III.1998 - oggi
Alliance	Usa, confine sud	1986 - oggi
Provide Hope I	ex URSS	10-26.II.1992
Provide Hope II		15.IV- 29.VII.1992
Provide Hope III		1993
Provide Hope IV		10.I - 19.XII.1994
Provide Hope V		6.XI.1998 - 10.V.1999

d. Operazioni antidroga

Coronet Oak	America centrale	X.1977 - 17.II.1999
Coronet Nighhawk	e meridionale	1991 - oggi
Selva Verde	Colombia	1995 - oggi
Badge	Kentucky	1990 - oggi?
Ghost Dancer	Oregon	1990 - oggi?

Greensweep	California	VII-VIII.1990
Grizzly		1990 - oggi
Wipeout	Hawaii	1990 - oggi
Ghost Zone	Bolivia	III.1990 - 1993?
Constant Vigil	Bolivia	199? - ?
Support Justice	America meridionale	1991-1994
Steady State		1994 - IV.1996
Green Clover		199?-199?
Laser Strike		IV.1996 - oggi
Agate Path	Puerto Rico	1989 - ?
Enhanced Ops		? - oggi

2. *Operazioni completate*

Silent Promise	Mozambico, Sudafrica	II-IV.2000
Fundamental Response	Venezuela	20.XII.1999 - inizio 2000
Stabilize	Timor	11.IX.1999 - XI.1999
Avid Response	Turchia	18.VIII.1999 - IX.1999
Strong Support (Fuerte Apoyo) *uomini coinvolti: 5700*	America centrale	X.1998 - 10.II.1999
Infinite Reach	Sudan, Afghanistan	20.VIII.1998
Shepherd Venture *uomini coinvolti: 130*	Guinea-Bissau	10-17.VI.1998
(senza nome) *uomini coinvolti: 130*	Asmara, Eritrea	5-6.VI.1998
Noble Response	Kenya	21.I - 25.III.1998
Bevel Edge	Cambogia	VII.1997
Noble Obelisk	Sierra Leone	V-VI.1997
Guardian Retrieval	Congo (ex Zaire)	III-VI.1997
Silver Wake	Albania	14-26.III.1997
Guardian Assistance Assurance/Phoenix Tusk	Zaire, Ruanda, Uganda	15.XI - 27.XII.1996
Quick Response	Rep. Centroafricana	V-VIII.1996
Assured Response	Liberia	IV-VIII.1996
Zorro II	Messico	XII.1995 - 2.v.1996

Third Taiwan Straits Crisis	Stretto di Taiwan	21.VII.1995 - 23.III.1996
Safe Border	Perù, Ecuador	1995 - 30.VI.1999
United Shield *uomini coinvolti: 4000*	Somalia	3.I. - 25.III.1995
Uphold/Restore Democracy *uomini coinvolti: 21.000*	Haiti	19.IX.1994 - 31.III.1995
Quiet Resolve/Support Hope *uomini coinvolti: 2.592*	Ruanda	22.VII - 30.IX.1994
Safe Haven/Safe Passage Sea Signal/JTF-160	Cuba, Panama Haiti, Guantanamo (Cuba)	6.IX.1994 - 1.III.1995 18.V.1994 - II.1996
Distant Runner	Ruanda	9-15.IV.1994
Korean Nuclear Crisis	Nord Corea	10.II.1993 - VI.1994
(senza nome)	Liberia	22-25.x.1992
Provide Relief Restore Hope *uomini coinvolti: 26.000* Continue Hope	Somalia	14.VIII - 8.XII.1992 4.XII.1992 - 4.v.1993 4.v - XII.1993
Provide Transition	Angola	3.VIII.1992 - 9.X.1992
Garden Plot	Los Angeles	V.1992
Silver Anvil	Sierra Leone	2-5.V.1992
GTMO Safe Harbor	Haiti, Guantanamo (Cuba)	23.XI.1991 1992
Quick Lift	Zaire	24.IX - 7.X.1991
Victor Squared	Haiti	IX.1991
Fiery Vigil	Filippine	VI.1991
Productive Effort/Sea Angel	Bangladesh	V-VI.1991
Eastern Exil	Somalia	2-9.I.1991
Desert Shield Imminent Thunder Proven Force *uomini coinvolti: 550.000* Desert Storm Desert Sword/Desert Sabre Desert Calm Desert Farewell	Sud-Ovest asiatico	2.VIII.1990 - 17.I.1991 XI.1990 17.I - 28.II.1991 17.I - 28.II.1991 24-28.II.1991 1.III.1991 - 1.I.1992 1.I.1992 - 1992?
Steel Box/Golden Python	Johnston Island	26.VII - 18.XI.1990
Sharp Edge	Liberia	V.1990 - 8.I.1991

3. Era della Guerra Fredda

Classic Resolve	Filippine	XI-XII.1989
Hawkeye	St Croix (Isole Vergini americane)	20.IX - 17.XI.1989
Nimrod Danger Just Cause Promote Liberty	Panama	V.1989 - 20.XII.1989 20.XII.1989 - 31.I.1990 31.I.1990 - ?
Ernest Will Praying Mantis	Golfo Persico	24.VII.1987 - 2.VIII.1990 17-19.IV.1988
Blast Fumace	Bolivia	VII-XI.1986
El Dorado Canyon	Libia	12-17.IV.1986
Attain Document	Libia	26.I - 29.III.1986
Achille Lauro	Mediterraneo	7-11.X.1985
Intense Look	Mar Rosso Golfo di Suez	VII.1984
Urgent Fury	Grenada	23.X - 21.XI.1983
Arid Farmer	Ciad, Sudan	VIII.1983
Early Call	Egitto, Sudan	18.III - VIII.1983
US Multinational Force	Libano	25.VIII.1982 - 1.XII.1987
Bright Star	Egitto	6.X.1981 - XI.1981
Gulf of Sidra	Libia, Mediterraneo	18.VIII.1981
Rocky Mountain Transfer	Colorado	VIII-IX.1981
Central America	El Salvador, Nicaragua	1.I.1981 - 1.II.1992
Creek Sentry	Polonia	XII.1980 - 1981
Setcon II	Colorado	V-VI.1980
Eagle Claw/Desert One	Iran	25.IV.1980
ROK Park Succession Crisis	Corea	26.X.1979 - 28.VI.1980
Elf One	Arabia Saudita	III.1979 - 15.IV.1989
Yemen	Iran, Yemen, Oceano Indiano	6.XII.1978 - 6.I.1979
Red Bean	Zaire	V-VI.1978
Ogaden Crisis	Somalia/Etiopia	II.1978 - 23.III.1978
Setcon I	Colorado	1978
Paul Bunyan/Tree Incident	Corea	18-21.VIII.1976

Mayaguez Operation	Cambogia	15.V.1975
New Life	Vietnam	IV.1975
Frequent Wind	Evacuazione di Saigon	29-30.IV.1975
Eagle Pull	Cambogia	11-13.IV.1975
Nickel Grass	Medio Oriente	6.X - 17.XI.1973
Garden Plot	Stati Uniti	30.IV - 4.V.1972
Red Hat	Johnston Island	I-IX.1971
Ivory Coast/Kingpin	Son Tay, Vietnam	20-21.XI.1970
Graphic Hand	Stati Uniti	1970
Red Fox (Pueblo Incident)	Corea	23.I.1968 - 5.II.1969
Six Day War	Medio Oriente	13.V - 10.VI.1967
CHASE	Luoghi vari	1967 - 1970
Powerpack	Rep. Dominicana	28.IV.1965 - 21.IX.1966
Red Dragon	Congo	23-27.XI.1964
(senza nome)	Impianti nucleari cinesi	15.X.1963 - X.1964
Cuban Missile Crisis	Cuba e resto del mondo	24.X.1962 - 1.VI.1963
Vietnam War	Vietnam	15.III.1962 - 28.I.1973
Operation Ranch Hand	Vietnam	I.1962 - 1971
Operation Rolling Thunder	Vietnam	24.II.1965 - X.1968
Operation Arc Light	Sud-Ovest asiatico	18.VI.1965 - IV.1970
Operation Freedom Train	Nord Vietnam	6.IV - 10.V.1972
Operation Pocket Money	Nord Vietnam	9.V - 23.X.1972
Operation Linebacker I	Nord Vietnam	10.V - 23.X.1972
Operation Linebacker II	Nord Vietnam	18-29.XII.1972
Operation Endsweep	Nord Vietnam	27.I.1972 - 27.VII.1973
Operation Ivory Coast/Kingpin	Nord Vietnam	21.XI.1970
Operation Tailwind	Laos	1970
Berlin	Berlino	14.VIII.1961 - 1.VI.1963
Laos	Laos	19.IV.1961 - 7.X.1962
Congo	Congo	14.VII.1960 - 1.IX.1962
Taiwan Straits	Stretto di Taiwan, Isole Quemoy e Matsu	23.VIII.1958 - 1.I.1959 23.VIII.1958 - 1.VI.1963
Blue Bat	Libano	15.VII - 20.X.1958

Suez Crisis	Egitto	26.VII - 15.XI.1956
Taiwan Straits	Stretto di Taiwan	11.VIII.1954 - 1.V.1955
Korean War	Corea	27.VI.1950 - 27.VII.1953
Berlin Airlift	Berlino	26.VI.1948 - 30.IX.1949

In queste svariate centinaia di guerre contro il comunismo, il terrorismo, il narcotraffico e a volte contro niente di speciale, tra Pearl Harbor e martedì 11 settembre 2001, siamo sempre stati noi a sferrare il primo colpo.

ottobre 2001

Il significato di Timothy McVeigh

Intorno alla fine del penultimo secolo, Richard Wagner visitò la cittadina di Ravello, nel sud d'Italia, e fu portato a visitare i giardini della millenaria Villa Rufolo. «Maestro», gli domandò il capo giardiniere, «questi meravigliosi giardini, sotto il cielo azzurro che laggiù, in modo così armonioso, così perfetto, si fonde al lontano azzurro del mare, non vi ricordano quei favolosi giardini di Klingsor in cui avete ambientato tanta parte della vostra ultima interminabile opera, il *Parsifal*? Non è questa visione di bellezza la vostra ispirazione per Klingsor?». Wagner biascicò qualcosa in tedesco. «Ha detto», spiegò un traduttore lì vicino: «Che ve ne pare?».

Già, che ve ne pare?, ho pensato, mentre mi facevo strada fino al punto in cui, proprio in quei favolosi giardini, *Good Morning America* della ABC e l'*Early Show* della CBS avevano piazzato le telecamere per farmi apparire in diretta davanti ai telespettatori del mio paese, il paese di Dio.

Questo succedeva il maggio scorso. Una settimana più tardi, l'"Oklahoma City Bomber", eroe con tanto di medaglie della guerra del Golfo, ex membro dei Nature's Eagle Scouts, al secolo Timothy McVeigh, sarebbe stato giustiziato con un'iniezione letale a Terre Haute nell'Indiana per essere stato, come egli stesso sottolineava, il solo artificiere e detonatore della bomba che aveva fatto saltare in aria un edificio federale in cui avevano trovato la morte centosessantotto fra uomini, donne e bambini. Era stato il più grande massacro di americani per mano di americani degli ultimi due anni, da quando cioè il governo federale aveva deciso di prendere d'assalto la sede di una setta di avventisti del settimo giorno nei pressi di Waco, in Texas. I Branch Davidians, così si chiamavano i membri della setta, erano un pacifico gruppo di uomini, donne e bambini che vivevano e pregavano insieme in attesa della fine del mondo, che per loro arrivò il 28 febbraio del 1993. Il Federal Bureau of Alcohol, Tobacco and Firearms (ATF), esercitando il suo mandato che impone la "regolamentazione" delle armi da fuoco, rifiutò ogni invito da parte del leader della setta, David Koresh, a esaminare le sue armi registrate. L'ATF preferì spassarsela un poco. Più di cento agenti dell'ATF, senza regolare mandato, attaccarono il complesso della chiesa, mentre dall'alto almeno un elicottero dell'ATF apriva il fuoco sul tetto dell'edificio principale. Quel giorno sei davidiani morirono. Quattro agenti dell'ATF furono colpiti a morte, presumibilmente da fuoco amico.

Ci fu una tregua, seguita da cinquantuno giornate d'assedio durante le quali al di fuori della chiesa fu trasmessa ininterrottamente musica ad alto volume. Quindi il governo staccò l'elettricità e si rifiutò di far passare il cibo per sfamare i bambini. Nel frattempo, i media venivano regolarmente informati sulle malefatte di David Koresh. Si diceva che Koresh producesse e spacciasse metanfetamina. E poi – che altro attendersi in questi tempi di perversione? – non era un uomo di Dio ma un pedofilo. Alla fine, il nuovo procuratore generale Janet Reno decise di giocare duro. Il 19 aprile diede l'ordine all'FBI di finire ciò che l'ATF aveva cominciato. Violando il Posse Comitatus Act (un baluardo essenziale delle nostre fragili libertà democratiche, che vieta l'uso dell'esercito contro i civili), i carri armati della Texas National Guard e la Joint Task Force Six dell'esercito attaccarono il complesso con un gas, mortale per i bambini e non troppo salutare neanche per gli adulti, e sfondarono le pareti dell'edificio. Alcuni davidiani riuscirono a scappare. Altri vennero fatti fuori dai cecchini dell'FBI. In un'indagine di sei anni dopo, l'FBI negò tutto tranne di aver sparato qualche lacrimogeno pirotecnico. Alla fine di un assalto durato sei ore, l'edificio venne messo a fuoco e poi raso al suolo da mezzi corazzati Bradley. Per il volere di Dio nessun agente dell'FBI rimase ferito, mentre ottanta membri della setta furono uccisi, e tra questi ventisette bambini. Fu una grande vittoria per lo zio Sam, così come lo concepisce l'FBI, che aveva dato all'operazione il nome in codice di "Show Time".

Soltanto il 14 maggio del 1995 Janet Reno, a *60 Minutes*, confessò qualche ripensamento. «Ho visto quello che è successo, e sapendo quello che è successo non lo rifarei». Niente più che un'esperienza educativa per la figlia di una campionessa di lotta agli alligatori della Florida.

Lo show del 19 aprile 1993 a Waco fu il più grande massacro di cittadini americani da parte del governo dopo il 1890, quando un buon numero di nativi americani fu trucidato a Wounded Knee, nel South Dakota. Così la posta continua ad aumentare.

Anche se McVeigh spiegò subito di avere agito in segno di rappresaglia per quanto era successo a Waco (aveva anche scelto il secondo anniversario della strage, il 19 aprile, per il suo castigo), la polizia segreta del nostro governo, con la complicità dei media, mise la sua mano pesante sul piatto della bilancia. Bisognava raccontare una sola versione della storia: un uomo di incredibile e innata malvagità volle distruggere delle vite innocenti per il puro, immotivato piacere di fare del male. Sin dall'inizio, era stato deciso che McVeigh non avesse nessuna motivazione coerente per quello che aveva fatto tranne una shakespeariana, intrinseca malvagità. Iago è tornato e ha con sé una bomba, non un fazzoletto. Tanto più che sia McVeigh sia l'accusa concordavano sul fatto che l'imputato non aveva avuto nessun vero complice.

Me ne stavo seduto su una sedia scomoda, davanti alla telecamera. Tra le piante di delfinio ronzavano i generatori. Fu *Good Morning America* a cominciare. Mi avevano detto che Diane Sawyer mi avrebbe fatto delle domande da New York, ma c'era anche un "esperto" dell'ABC sul caso McVeigh, un certo Charles Gibson, che avrebbe fatto gli onori di casa. L'intervista doveva durare circa quattro minuti. Sì, volevano farmi un'Intervista Approfondita. Il che significa che una domanda su due comincia con «e adesso, ci dica brevemente...». Ubbidiente, dissi brevemente come mai McVeigh, che non avevo mai incontrato, aveva deciso di invitare anche me tra i cinque testimoni scelti della sua esecuzione.

Tutto cominciò sul numero di novembre 1998 di «Vanity Fair». Avevo scritto un pezzo che parlava del massacro dei Dieci Emendamenti. Avevo citato esempi di esproprio da parte dell'IRS senza giusto processo, di raid senza mandato e di omicidi di gente innocente da parte di varie agenzie governative per la lotta alla droga, della collusione del governo nel tentativo, riuscito, da parte delle finanziarie agricole di sbarazzarsi dei piccoli proprietari terrieri e così via. (Chi voglia ulteriori prove del fatto che il nostro governo è in preda a un attacco di pazzia sanguinaria può leggere nel mio saggio *Il massacro dei Dieci Emendamenti*). Poi, in coda al pezzo, parlavo del massacro, illegale ma impunito, di Ruby Ridge (una madre, il figlio e il cane erano stati uccisi a sangue freddo dall'FBI); e l'anno dopo, Waco. In nessuno dei due casi i media si erano scandalizzati. A quanto pare, la parola chiave non era stata pronunciata. Parola chiave? Ricordate *Va' e uccidi*? Nello splendido film del 1962 di George Axelrod, il protagonista, dopo aver subito il lavaggio del cervello da parte dei nordcoreani, viene spinto a commettere azioni omicide solo quando la graziosa signora appassionata di giardinaggio, interpretata da Angela Lansbury, gli dice: «Perché non passi un po' di tempo facendo un solitario?».

Visto che per settimane ci era stato ripetuto che il leader dei davidiani, David Koresh, non solo era uno spacciatore, ma un pedofilo che abusava dei ventisette bambini della sua setta, la materna signora Reno prese la seguente decisione: meglio tutti morti che disonorati. Di qui l'attacco. Undici membri della chiesa dei davidiani furono poi processati per il loro "complotto omicida" nei confronti degli agenti federali che li avevano attaccati. La giuria prosciolse tutti e undici da quell'accusa. Ma dopo aver asserito che erano colpevoli di tentato omicidio – cioè l'accusa della quale erano appena stati assolti – il giudice condannò otto innocenti membri della chiesa di Koresh a un massimo di quarant'anni di galera per reati minori. Un giurato, disgustato, commentò: «Abbiamo processato le persone sbagliate». *Show Time!*

Per quanto mi riguarda, mi indignai abbastanza da descrivere nei dettagli che cosa era successo veramente. Nel frattempo, i giocatori di poker del 1998 erano impegnati a mischiare e a distribuire le carte. Visto che si era scoperto che McVeigh era il male in persona, a nessuno interessava perché avesse fatto quello che aveva fatto. D'altra parte, «perché?» è una domanda che i media sono addestrati a eludere. È troppo pericolosa. Qualcuno potrebbe effettivamente capire perché succedono certe cose e rifletterci su. [...][6]

Ma vi ho lasciati indietro, nei giardini di Klingsor a Ravello, quando, in diretta TV, pronunciai l'impronunciabile parola «perché», seguita dalla parola chiave «Waco». Charles Gibson, a 3500 miglia di distanza, cominciò a iperventilare. «Be', un attimo», mi interruppe, ma io continuai a parlare. Improvvisamente lo sentii dire: «Abbiamo problemi con l'audio». Poi staccò la spina che mi collegava alla ABC. Il fonico accanto a me scosse la testa. «L'audio funzionava perfettamente. Ti ha semplicemente scollegato». Così, mentre il governo fa carta straccia del Quarto, del Quinto, del Sesto, dell'Ottavo e del Quattordicesimo Emendamento[7], il signor Gibson ha scollegato anche il Primo, sacro ai giornalisti.

Perché? Come tanti suoi intercambiabili colleghi della TV, Charles Gibson è lì per raccontare agli spettatori che l'ex senatore John Danforth ha appena concluso un'indagine di quattordici mesi che ha assolto l'FBI da ogni malefatta compiuta a Waco. Danforth, in verità, ha ammesso che «farsi dare i documenti dall'FBI è stato un po' come strappargli i denti».

Nel marzo del 1993, McVeigh arrivò in macchina dall'Arizona a Waco, nel Texas, per assistere di persona all'assedio federale. Insieme ad altri manifestanti, venne debitamente fotografato dall'FBI. Durante l'assedio i davidiani venivano sollazzati ventiquattr'ore su ventiquattro con cassette di musica spaccatimpani (Nancy Sinatra: «*These boots are made for walkin' / And that's just what they'll do. / One of these days these boots are gonna walk all over you*»[8]) e con i guaiti registrati di conigli in agonia, un po' come fece George Bush nella prima guerra non dichiarata contro Panama, in cui vari concerti dello stesso tenore al di fuori della nunziatura apostolica portarono alla consegna del grande narco-trafficante (ed ex agente della CIA) Noriega, che si era rifugiato lì. Come le reti televisive, una volta che il governo ha messo a segno un colpo lo ripeterà senza tregua. Oswald? Un complotto? Risate in studio.

Il pubblico televisivo ha assistito tante volte alla stessa scena da non rendersi ormai più conto di quanto spesso gli intercambiabili presentatori televisivi gestiscano chiunque provi a spiegare il perché di qualcosa. «Sta insinuando che si sia trattato di un complotto?». Un guizzo balena in un paio di scintillanti lenti a contatto. Qualunque sia la risposta, si vede un lieve tremito del corpo, seguito da un impercettibile sbuffo e da uno sguardo in macchina denso di significato, per far capire al pubblico che l'ospite è stato appena scaricato in studio dai marziani. In questo modo, il pubblico non capirà mai che cos'hanno in mente i veri cospiratori, che siano all'FBI o alla Corte Suprema o si guadagnino duramente il pane per la Grande Industria del Tabacco. È anche un ottimo modo per sottrarre le informazioni al pubblico. È questa, purtroppo, la funzione della corporazione dei media.

Effettivamente, a un certo punto, l'ex senatore Danforth minacciò Louis Freeh, il riluttante direttore dell'FBI, di far emettere un mandato di perquisizione. È un vero peccato che non ne abbia mai ottenuto uno. Nel corso dell'indagine, avrebbe potuto scoprire qualcosa di più sull'affiliazione di Freeh all'Opus Dei (che significa 'il Lavoro di Dio'), una misteriosa organizzazione cattolica che si dedica a piazzare i suoi membri sulle massime poltrone della politica, dell'economia e del mondo ecclesiastico (chissà, forse pure in paradiso) in vari luoghi e per vari scopi. In seguito, e con una certa riluttanza, i media hanno fatto un po' di luce sull'organizzazione, quando si è scoperto che Robert Hanssen, un agente dell'FBI, era stato una spia russa per ventidue anni. Ma non solo: Hanssen e il suo direttore Louis Freeh, per dirla con il loro compagno di viaggio William Rusher («Washington Times», 15 marzo 2001), «non solo [erano] entrambi membri della Chiesa Cattolica Romana in Virginia, ma [...] appartenevano anche al capitolo locale dell'Opus Dei». Rusher, che prima scriveva sulla spregiudicata «National Review», trovò la cosa «intrigante». L'Opus Dei fu fondata nel 1928 da Josemaría Escrivá de Balaguer. Il suo padrino secolare, per i primi anni, fu il dittatore spagnolo Francisco Franco. Uno dei suoi paladini più recenti è stato il corrotto presidente peruviano Alberto Fujimori, tuttora contumace. Benché l'Opus Dei sia in odore di fascismo, l'attuale papa ha beatificato Escrivá de Balaguer senza tener conto del *caveat* del teologo spagnolo Juan Martín Velasco: «Non possiamo ritrarre come un modello di vita cristiana qualcuno che ha servito il potere dello Stato [il fascista Franco] e di quel potere si è servito per lanciare la sua organizzazione, che ha gestito con criteri oscuri – una specie di mafia parata di bianco – rifiutando il magistero papale quando non coincideva con il suo modo di pensare».

Una volta, al misterioso Freeh fu domandato se fosse o meno un membro dell'Opus Dei. L'interessato declinò la domanda, obbligando un agente speciale dell'FBI a replicare in sua vece. L'agente speciale John E. Collingwood disse: «Non posso rispondere alla sua domanda specifica, ma noto che siete stati "informati" in modo non corretto».

È davvero inquietante che nei laici Stati Uniti, una nazione la cui Costituzione si basa sulla separazione perpetua tra Chiesa e Stato, un ordine religioso assolutista non solo abbia piazzato uno dei suoi membri a capo della polizia segreta (e spesso incontrollata), ma possa anche contare, oggi, sui buoni uffici di almeno due membri della Corte Suprema.

Dal «Newsweek» del 9 marzo 2001:

[Il giudice Antonin] Scalia è considerato l'incarnazione del cattolicesimo conservatore. [...] Anche se Scalia non ne fa personalmente parte, sua moglie Maureen assisteva alle funzioni religiose dell'Opus Dei [... mentre il figlio], padre Paul Scalia, quattro anni fa ha contribuito a convertire Clarence Thomas[9] al cattolicesimo. Il mese scorso, Thomas ha tenuto un appassionato discorso all'American Enterprise Institute, un baluardo del pensiero conservatore, a un pubblico di funzionari del governo Bush. Nel suo discorso, Thomas ha elogiato papa Giovanni Paolo II per aver preso delle posizioni impopolari.

E pensare che Thomas Jefferson e John Adams si opposero alla presenza dell'ordine, relativamente innocuo, dei gesuiti nella nostra terra governata dal diritto se non da Dio! Il presidente Bush, invece, disse che Thomas e Scalia incarnavano il modello dei giudici che avrebbe voluto nominare alla Corte Suprema nel corso del suo mandato. Ultimamente, in segno di espiazione per aver corteggiato, durante la campagna elettorale, i fondamentalisti protestanti della Bob Jones University, Bush ha "aperto" all'estrema destra cattolica romana. Con i fondamentalisti protestanti il suo rapporto è ormai solido. Al punto che il suo procuratore generale, J.D. Ashcroft, è un pentecostale che inizia regolarmente la sua giornata con un incontro di preghiera alle otto, cui assistono anche i dipendenti del dipartimento della Giustizia, desiderosi di inzupparsi del sangue dell'Agnello di Dio. Nel 1999, Ashcroft dichiarò ai laureati della Bob Jones University che l'America era stata fondata su principi religiosi (una notizia per Jefferson e compagni) e che «non abbiamo altro re che Gesù».
Ho già segnalato un certo numero di complotti che stanno cominciando a spuntare, a mano a mano che la

vicenda, largamente manipolata, di McVeigh volge
verso la spettrale parola "conclusione". Conclusione
che, in questo caso, segnerà semplicemente un nuovo
inizio. Il complotto dell'Opus Dei è – era? – di cen-
trale importanza per il dipartimento della Giustizia. Si
può dire quindi che l'FBI ha complottato per negare i
suoi documenti sia alla difesa di McVeigh sia al presunto signore e padrone di tutto il dipartimento: noi,
il Popolo degli Stati Uniti Riunito nel Congresso, rappresentato dall'ex senatore Danforth. E poi c'è il complotto spontaneo dei media, ancora in atto, che pun-
ta a demonizzare McVeigh, il quale avrebbe agito da
solo nonostante le prove contrarie.

Ma torniamo al complotto dell'FBI per coprire i suoi
crimini a Waco. Il senatore Danforth è un uomo
d'onore, ma del resto lo era anche Earl Warren, presidente della Corte Suprema, e si dice che la ricostruzio-
ne che la commissione che porta il suo nome fece degli eventi di Dallas non convinse del tutto nemmeno
lui. Il primo giugno Danforth ha dichiarato al «Washington Post»: «Scommetto che Timothy McVeigh, a
un certo punto, non so quando, verrà giustiziato e dopo l'esecuzione qualcuno troverà una scatola da qualche parte». Certamente, il senatore non stava solo facendo prendere aria alle gengive. Lo stesso giorno, il
«New York Times» ha pubblicato un articolo dell'As-
sociated Press secondo il quale gli avvocati dei davidiani sostenevano che quando gli agenti dell'FBI avevano fatto fuoco avevano usato un tipo di fucile a corto
raggio, che in seguito non risultò tra le armi sottoposte
a test. Il nostro amico e portavoce dell'FBI John Collingwood disse che un controllo dei registri dell'FBI di-
mostrava che «il fucile a canna più corta era tra le armi sottoposte a test». La risposta di Danforth fu, più o
meno: «Be', se lo dici tu». Annotò, tuttavia, che la col-

laborazione da parte dell'FBI «non era stata completa».
Il dipartimento della Giustizia, nelle parole di H.L.
Mencken, «si è dedicato sin dai suoi inizi a pratiche
poco oneste e rimane una sorgente feconda di oppressione e corruzione anche ai giorni d'oggi. È difficile ricordare un'amministrazione in cui non si sia trovato al
centro di qualche grave scandalo».

Lo stesso Freeh pare dedito a pratiche poco oneste
e stupide. Nel 1996 fu lui l'inflessibile Javert[10] che si
accanì contro Richard Jewell, uno degli agenti di sicurezza di Atlanta, per le bombe alle Olimpiadi. Jewell
era innocente. E mentre Freeh mandava i suoi scagnozzi a comprare un nuovo cilicio (i membri dell'Opus Dei mortificano la carne) e dava ordine di costruire una nuova ghigliottina, si scoprì che il laboratorio dell'FBI aveva, come al solito, ostacolato le indagini (leggete *Tainting Evidence*, di J.F. Kelly e P.K.
Bearne). Poco dopo, Freeh si mise a capo della battaglia per provare che Wen Ho Lee era una spia comunista. Le deliranti accuse contro gli irreprensibili
scienziati di Los Alamos vennero rigettate da un giudice federale infuriato e convinto che l'FBI aveva
«svergognato l'intera nazione»[11]. Be', è sempre rischioso, il Lavoro di Dio.

Più si impara sull'FBI, più ci si rende conto che si
tratta di un luogo molto pericoloso. Kelly e Wearne,
nella loro indagine sui metodi di laboratorio dell'FBI,
letteralmente una questione di vita o di morte per chi
era oggetto dell'indagine, citano due esperti inglesi a
proposito delle bombe esplose a Oklahoma City. Dopo aver analizzato i dati di laboratorio, il professor
Brian Caddy ha dichiarato: «Se sono questi i rapporti
destinati a essere presentati al tribunale come prova,
sono molto perplesso sia per quanto riguarda la struttura sia per il contenuto. La struttura sembra pensata
per confondere il lettore più che per aiutarlo». Il dot-

tor John Lloyd, da parte sua, segnala: «I rapporti sono
di natura puramente ipotetica. Leggendoli è impossibile evincerne la catena dei controlli e quali operazio-
ni siano stati svolte esattamente sui vari elementi».
Chiaramente è ora di sostituire questa polizia segreta,
enorme, inetta e ampiamente incontrollata, con un ufficio più piccolo e più efficiente, che dovrebbe chia-
marsi The United States Bureau of Investigations.

È l'11 giugno, una mattina calda e afosa qui a Ravello. Abbiamo appena assistito alla seconda puntata
di *Show Time*, a Terre Haute nell'Indiana. La CNN ha
doverosamente riferito che non ho potuto essere tra i
testimoni, come aveva richiesto McVeigh: il procuratore generale mi aveva concesso troppo poco tempo
per andare da qui a lì. Mi sono sentito un po' meglio
quando mi è stato detto che McVeigh, sdraiato sul let-
tino nella camera della morte, non avrebbe potuto vedere nessuno di noi attraverso le vetrate fumé che lo
circondavano. Ma poi alcuni giornalisti presenti hanno
raccontato che McVeigh aveva deliberatamente «cercato con gli occhi» tanto loro quanto i suoi testimoni.
Secondo una dei testimoni, Cate McCauley, McVeigh
poteva vederli. «Già dopo la prima iniezione si capiva
che era andato», ha detto. Aveva lavorato sul suo caso
per un anno, svolgendo indagini per la difesa.

Ho chiesto notizie delle sue ultime ore. Aveva cercato un film in TV ma aveva trovato solo *Fargo*, e non
era certo dell'umore. Senza dubbio, la sua morte è stata fedele al personaggio: ha mantenuto il controllo. La
prima iniezione, di pentotal sodico, ti stende. Ma Mc-
Veigh ha tenuto gli occhi aperti. La seconda iniezione,
di bromuro di pancuronio, gli ha fatto andare i pol-
moni in collasso. Sempre pronto a lottare per la so-
pravvivenza, sembrava che razionasse i respiri che gli
rimanevano. Quando, dopo quattro minuti, venne di-

chiarato ufficialmente morto, aveva ancora gli occhi aperti, fissi sulle telecamere del soffitto che lo registravano per il suo pubblico di Oklahoma City.

McVeigh non ha fatto nessuna dichiarazione in punto di morte, ma aveva trascritto (a memoria, sembra) *Invictus*, una poesia di W.E. Henley (1849-1903). Tra le molte opere di Henley c'era una famosa antologia intitolata *Lyra Heroica* (1892), dedicata a chi aveva compiuto gesta eroiche e altruiste. Non so se McVeigh vi si sia mai imbattuto, ma non c'è dubbio che si sarebbe identificato con un gruppo di giovani scrittori, tra cui Kipling, che venivano chiamati "i ragazzi di Henley", per sempre ritti sul ponte della nave che brucia, ognuno padrone del suo destino, capitano della sua anima.

Come c'era da aspettarsi, nessuno degli intellettuali ha fatto il nome di Henley, perché nessuno sapeva chi fosse. Furono in molti a pensare che la famosa poesia fosse farina del sacco di McVeigh. Un'irascibile signora descrisse Henley come «uno storpio del diciannovesimo secolo». Ho inviato un appassionato messaggio e-mail alla sua rete televisiva: Henley, che aveva una gamba sola, «soffriva di un handicap agli arti inferiori».

La stoica serenità dei suoi ultimi giorni ha certamente garantito a McVeigh i requisiti di un eroe alla Henley. Non si è lamentato del suo destino; si è assunto la responsabilità del crimine che gli si attribuiva; non ha implorato pietà come i nostri sempre sadici media richiedono. Nel frattempo, si accumulano al suo riguardo dettagli contraddittori – un mosaico sconcertante, a dire il vero – e sembra sempre più che sia inciampato nel periodo sbagliato della storia americana. McVeigh aveva chiaramente bisogno di una causa appassionata che gli desse un'identità. L'abolizione della schiavitù o la salvezza dell'Unione sarebbero state cause di morte più degne che non l'odio per gli abusi commessi dalla nostra corrotta polizia segreta. Ma era nato ora, e così finì col dichiarare guerra a un governo che a suo giudizio aveva dichiarato guerra al suo stesso popolo.

Un momento poetico in quello che è stato, per la maggior parte, un inno orchestrato all'odio. Fuori dalla prigione, un gruppo di manifestanti contro la pena di morte pregava nelle prime luci dell'alba. Improvvisamente, un uccello si è posato sull'avambraccio sinistro di una donna, che ha continuato a pregare. Quando, infine, si è alzata in piedi l'uccello è rimasto sul suo braccio – per consolarla? *Ora pro nobis.*

La CNN ci ha regalato alcuni stralci dell'ultima mattina di McVeigh. Quando gli domandarono perché almeno non chiedesse perdono per aver assassinato degli innocenti, rispose che poteva anche farlo, ma non sarebbe stato sincero. Era il soldato di una guerra che non era stato lui a dichiarare. Questo è un atteggiamento alla Henley. Un biografo l'ha descritto come un uomo onesto fino all'eccesso. McVeigh fece anche notare che Harry Truman non aveva mai chiesto perdono per aver lanciato due bombe atomiche sul Giappone già sconfitto, facendo circa duecentomila vittime, per la maggior parte "collaterali": donne e bambini. I media berciarono che si era in tempo di guerra. Ma anche McVeigh, a ragione o a torto, si considerava in guerra. Incidentalmente, l'inesorabile beatificazione di Harry Truman è ormai un aspetto importante dell'evoluzione del nostro sistema imperiale. Sono in molti a credere che le bombe furono gettate per salvare delle vite americane. Ma non è vero. Le bombe furono gettate per spaventare il nostro nuovo nemico, Stalin. Come un sol uomo, i nostri comandanti in capo della seconda guerra mondiale, tra i quali Eisenhower, C.W. Nimitz e persino Curtis LeMay (così ben interpretato da George C. Scott nel *Dottor Stranamore*) si opposero alla decisione di usare le bombe contro un nemico sconfitto che cercava di arrendersi. Un mio amico che lavorava nella diretta TV, il fu Robert Alan Aurthur, girò un documentario su Truman. Gli chiesi che cosa pensasse di lui. «Ti dà sempre risposte già programmate. Il solo momento in cui ho visto un fremito di emozione in lui è stato quando gli ho chiesto di raccontare la sua decisione di lanciare le bombe atomiche sullo sfondo delle rovine della Hiroshima di oggi. Per la prima volta Truman mi guardò. "Ok", disse, "ma non bacerò il culo ai giapponesi"». Chiaramente un altro eroe alla Henley, che ha causato un po' più di danni di McVeigh. È stato il M. Verdoux di Chaplin a dire che quando si tratta di valutare la responsabilità per omicidio, in fondo, è solo una questione di quale bilancia si usa?

Una volta finite le mie avventure nei giardini di Ravello (Bryant Gumbel della CBS è stato cortese e misurato come al solito e non ha tirato troppo la corda), mi sono diretto a Terre Haute via Manhattan. Ho partecipato a diversi programmi in cui sono stato scollegato appena ho pronunciato la parola "Waco". Solo Greta Van Susteren della CNN ha colto il punto: «Due torti», ha detto, con molto buon senso, «non fanno una ragione». Ero chiaramente d'accordo con lei. E in più, dato che sono contrario alla pena di morte, ho aggiunto che tre torti non sono certo un progresso.

Poi ci fu la sospensione dell'esecuzione. Tornai a Ravello. I media mi tenevano sott'occhio. Di tanto in tanto sentivo o leggevo che ero stato io a scrivere per primo a McVeigh, presumibilmente congratulandomi per i suoi omicidi. Continuai a spiegare pazientemente che, dopo avermi letto su «Vanity Fair», era stato lui a scrivermi, avviando così una corrispondenza intermittente durata tre anni. Alla fine non potei anda-

re e così non vidi con i miei occhi l'uccello dell'alba ri-
splendere sul braccio della donna.

La prima lettera era per complimentarsi di ciò che
avevo scritto. Gli risposi. Tanto per dimostrarvi che
pessimo affarista sono – decisamente non della scuola di Capote – non ho conservato copia delle lettere
che gli ho spedito fino all'ultima, di maggio.

La seconda lettera dalla sua prigione in Colorado
porta la data del 28 febbraio 1999. «Signor Vidal, grazie per la lettera. Ho ricevuto il suo libro, *United States*, la settimana scorsa e ho quasi finito di leggere la
seconda parte – le meditazioni politiche». Devo dire
che l'ortografia e la grammatica sono sempre perfet-
te, mentre la calligrafia è poco regolare e inclinata a sinistra, come se la si guardasse in uno specchio. «La
sorprenderebbe sapere con quanta parte di quel materiale mi trovo d'accordo...».

Per quanto riguarda la sua lettera, riconosco in pieno
che «la ribellione generale contro ciò che il nostro
governo è diventato è il tratto più interessante (e io
credo importante) della nostra storia di questo secolo». Per questo motivo sono rimasto profondamente
deluso dagli articoli che hanno attribuito l'attentato
di Oklahoma City a un semplice atto di "vendetta"
per Waco – e per lo stesso motivo sono stato felicis-
simo di leggere il suo articolo di novembre su «Vanity
Fair». Nei quattro anni dall'attentato, il suo lavoro è
il primo che veramente indaga le motivazioni che
stanno alla base di un colpo di tale portata contro il
governo degli Stati Uniti, e per questo la ringrazio.
Sono convinto che riflessioni così approfondite siano
necessarie, se si vuole veramente comprendere gli
eventi dell'aprile del 1995.
Ho molte osservazioni di cui vorrei farla partecipe,
ma purtroppo devo mantenere questa lettera nei limiti di una lunghezza accettabile, quindi ne menzionerò

solo una; se gli agenti federali sono «altrettanti giacobini in guerra» contro i cittadini di questo paese, e se le agenzie federali «compiono quotidianamente atti di guerra» contro quegli stessi cittadini, allora l'attentato di Oklahoma City non può essere considerato una "rappresaglia" e non un atto di guerra autodichiarata? Non è forse più simile a Hiroshima che a Pearl Harbor? (Sono sicuro che i giapponesi furono altrettanto scioccati e sorpresi a Hiroshima, anzi, l'effettosorpresa non era forse parte integrante e prevista della strategia generale del bombardamento?).

Tornando alla sua lettera, non ho mai considerato la sua età un problema [qui si spreca in tatto!] finché non ho ricevuto la lettera e non ho notato che era *battuta a macchina*! Ma non c'è da preoccuparsi, perché recenti studi medici ci dicono che la preferenza degli italiani per l'olio di semi, l'olio d'oliva e il vino aiuta ad allungare la durata media della vita e a prevenire le cardiopatie. Ha scelto il luogo giusto per trascorrere la vecchiaia.

Grazie di nuovo per avermi scritto, e nel caso in cui abbia delle preoccupazioni su che cosa o come scrivere a qualcuno "nella mia situazione", penso avrà scoperto che molti di noi sono ancora e soltanto delle "persone normali", al di là di quello che pensa l'opinione pubblica, dunque non c'è bisogno di nessuna considerazione particolare su qualsiasi cosa lei desideri scrivere. Alla prossima, allora...

Alla riga successiva c'è scritto tra virgolette, «"Qualsiasi persona normale di tanto in tanto prova la tentazione di sputarsi nelle mani, issare la bandiera nera, e cominciare a tagliare gole". H.L. Mencken – Abbia cura di sé».

Firmava scarabocchiando le sue iniziali. Naturalmente, la lettera non si adattava affatto all'immagine che mi ero fatto di lui leggendo la rabbiosa stampa americana, guidata, come sempre, dal «New York Times», con i suoi goffi tentativi di analisi freudiana (ad esempio, che McVeigh fosse un bocciolo strappato perché sua madre aveva abbandonato il padre quando aveva sedici anni. A dire il vero, sembrava che la cosa gli avesse dato sollievo). Poi passò quasi un anno senza che avessi sue notizie. Due reporter di un quotidiano di Buffalo (McVeigh era nato e cresciuto vicino Buffalo) lo stavano intervistando per il loro libro, *American Terrorist*. Credo di avergli scritto che Mencken spesso faceva ricorso all'iperbole swiftiana e non andava preso troppo alla lettera. Si potrebbe dire la stessa cosa di McVeigh? C'è sempre l'interessante possibilità – preparatevi per il complotto più grande di tutti – che non sia stato lui né a costruire né a far detonare la bomba al di fuori del Murrah Building, e che solo successivamente, costretto a scegliere tra la morte e il carcere a vita, si sia reso conto che sarebbe stato il solo a ricevere il credito per aver issato la bandiera nera e aver tagliato le gole. Con gran dispetto delle varie "milizie" di tutto il paese, che al momento sono furibonde perché McVeigh si sta prendendo tutto il merito di un'azione rivoluzionaria organizzata, dicono alcuni, da molte altre persone. E alla fine, se questa versione è corretta, lui e gli odiati federali la pensavano allo stesso modo.

Come aveva previsto il senatore Danforth, il governo provvide all'esecuzione di McVeigh in fretta e furia (dieci giorni dopo la dichiarazione di Danforth al «Washington Post») in modo da non essere costretto a produrre in tempi brevi la famosa scatola perduta con dentro i documenti che potessero insinuare il dubbio che anche altri erano coinvolti nell'attentato. Il fatto che lo stesso McVeigh fosse ansioso di commettere quello che definiva un «suicidio con assistenza federale» sembrava semplicemente una bizzarra variante di una storia che però, non importa quanto uno tenti di raddrizzarla, non riuscirà mai a conformarsi al Plot Primigenio del folle killer solitario (Oswald) ucciso da un secondo folle killer solitario (Ruby), destinato a morire in prigione, a quanto sosteneva, senza aver mai sputato il rospo. A differenza di Lee Harvey ("io sono il capro espiatorio") Oswald, il nostro eroe henleyano trovava irresistibile la parte del guerriero solitario contro lo Stato cattivo. Se nelle prime lettere che mi scrive McVeigh non ammette nulla, per l'ovvia ragione che i suoi legali stanno ricorrendo in appello, nell'ultima, datata 20 aprile 2001 – «T. McVeigh, 12076-064 CP 33, Terre Haute, Indiana 47808 (USA)» – scrive: «Signor Vidal, se ha letto *American Terrorist*, che è appena uscito, allora avrà probabilmente capito di avere fatto centro con il suo articolo *The War at Home*. In allegato troverà dell'altro materiale per approfondire la sua intuizione». Tra i documenti che mi ha mandato c'era la trascrizione di una conversazione con lo psichiatra di Timothy McVeigh tenuta sulla chat di ABCNews.com. Il colloquio col dottor John Smith era stato condotto da un moderatore il 29 marzo di quest'anno. Il dottor Smith aveva avuto solo un incontro con McVeigh, sei anni prima. A quanto pare, McVeigh lo aveva sciolto dal segreto professionale in modo che potesse parlare con Lou Michel e Dan Herbeck, gli autori di *American Terrorist*.

Moderatore: Lei dice che Timothy McVeigh "non è disturbato" e che non ha "malattie mentali gravi". Ma allora perché, a suo giudizio, ha commesso un crimine così terribile?
Dottor John Smith: Be', non credo lo abbia commesso perché era disturbato o interpretava male la realtà. Era troppo sensibile – fino al punto di essere un po' paranoico – riguardo alle azioni del governo. Ha eseguito l'attentato fondamentalmente per vendetta con-

tro l'assalto di Waco, ma anche per prendere una posizione politica sul ruolo del governo federale e per contestare l'uso della forza contro i cittadini. Così, per rispondere alla sua domanda, è stata una scelta consapevole da parte sua, non perché fosse disturbato, ma perché faceva sul serio.

Il dottor Smith segnala poi la delusione di McVeigh per il fatto che i media abbiano evitato ogni forma di dialogo sull'«abuso di potere da parte del governo federale». «McVeigh», prosegue Smith, «mi ha detto anche che non si aspettava alcuna rivoluzione. Anche se, per la verità, continuava a ripetermi di certe discussioni tenute insieme con alcuni gruppi armati che vivevano sulle colline intorno a Kingman, nell'Arizona. A loro giudizio sarebbe stato facile, grazie alle armi da fuoco che i miliziani avevano su nelle colline, tagliare in due l'Interstate 40 e sabotare i trasporti tra l'est e l'ovest degli Stati Uniti. Discussioni decisamente ambiziose».

Ambiziose ma, mi sembra, perfettamente nel personaggio, per quei ribelli che amano definirsi Patriots, 'patrioti', e si considerano simili ai coloni americani che lottarono per l'indipendenza dall'Inghilterra. Sembra che il loro numero oscilli fra i due e i quattro milioni, di cui almeno quattrocentomila sono attivisti delle milizie. Anche se McVeigh non è mai entrato formalmente a far parte di nessun gruppo, per tre anni ha girato in macchina per il paese, entrando in contatto con altri amanti delle armi da fuoco e nemici del governo federale. Tra l'altro, si legge in *American Terrorist*, era convinto che «il governo stesse progettando un grande raid contro i possessori di armi e i membri dei gruppi patriottici nella primavera del 1995». McVeigh non aveva bisogno di altro per fare quello che ha fatto: dare una mescolata alla carte, per così dire.

The Turner Diaries è una divagazione razzista scritta

da un ex professore di fisica sotto lo pseudonimo di Andrew MacDonald. Nonostante McVeigh non abbia le fissazioni, tipiche dei Patriots, sui negri, gli ebrei e gli altri nemici delle svariate nazioni bianche "ariane", condivide l'ossessione dei *Diaries* per le pistole, gli esplosivi e la guerra totale, definitiva, contro il "Sistema". Una descrizione presente nel libro su come costruire una bomba simile a quella che McVeigh utilizzò a Oklahoma City ha suscitato grande clamore. Quando gli chiesero se McVeigh riconosceva di aver copiato quella parte del romanzo, il dottor Smith rispose: «Più o meno. Tim voleva che fosse chiaro che, a differenza dei *Turner Diaries*, non era un razzista. Su questo punto è stato molto chiaro. Non odia gli omosessuali. Anche su questo è stato molto chiaro». Per quanto riguardava la possibile responsabilità del libro, «non vuole dividere il merito con nessuno». Alla richiesta di tirare le somme, il bravo dottore disse, semplicemente: «Sono sempre stato convinto che se non ci fosse stata una Waco non ci sarebbe stata neanche un'Oklahoma City».

McVeigh mi mandò anche un articolo del 1998 che aveva scritto per «Media Bypass». Lo chiamava il suo *Saggio sull'ipocrisia.*

Il governo ha detto che l'Iraq non ha il diritto di tenere riserve di armi chimiche o biologiche, [...] fondamentalmente perché le hanno adoperate in passato. Bene, se questo è lo standard in materia, allora gli Stati Uniti sono la nazione che ha stabilito il precedente. Gli USA hanno accumulato le stesse armi (e altre ancora) per più di quarant'anni. Gli USA sostengono che tutto ciò sia stato fatto in funzione di deterrente durante la guerra fredda contro l'Unione Sovietica. Perché allora l'Iraq non dovrebbe invocare la stessa motivazione (la deterrenza) riguardo alla sua guerra (calda) contro il vicino Iran e alle continue minacce che gliene provengono?

Eppure, quando l'oggetto della discussione è l'Iraq, ogni asilo nido in un edificio governativo immediatamente diventa uno "schermo". Pensateci. (In realtà, qui c'è una differenza. Il governo ha ammesso di essere stato consapevole della presenza di bambini negli edifici governativi iracheni o nelle immediate vicinanze, eppure è andato avanti con i piani di bombardamento, sostenendo di non poter essere ritenuto responsabile se dei bambini muoiono. Al contrario, non ci sono prove che vi fosse consapevolezza della presenza di bambini in relazione all'attentato di Oklahoma City).

Dunque McVeigh nega di essere stato consapevole della presenza di bambini nel Murrah Building, a differenza dell'FBI che sapeva che c'erano bambini nel complesso dei davidiani e ne ha uccisi ventisette.

McVeigh cita di nuovo il giudice Brandeis[12]: «Il governo è il nostro possente e onnipresente maestro. Nel bene e nel male, educa l'intero popolo con il suo esempio». Si ferma qui. Nella sua nota di dissenso, Brandeis invece continua: «Il crimine è contagioso. Se il governo per primo viola le leggi, genera disprezzo per le leggi stesse e invita ogni uomo a farsi giustizia da sé». Così il soldato tutto d'un pezzo sguainò la sua spada affilata e terribile e gli innocenti morirono. Ma un governo senza leggi, prosegue Brandeis, «chiama l'anarchia. Dichiarare che nell'amministrazione del diritto penale il fine giustifica i mezzi – dichiarare cioè che il governo può commettere dei crimini per assicurarsi la detenzione di un cittadino criminale – provocherebbe una reazione tremenda».

C'è da chiedersi se la componente Opus Dei della maggioranza di cinque a quattro dell'attuale Corte Suprema abbia mai riflettuto su queste parole tanto lontane da uno dei suoi, chiamiamoli così, pensatori di riferimento, Machiavelli, secondo il quale, prima di tutto, il Principe deve essere temuto.

Successivamente, McVeigh mi mandò tre pagine di appunti scritti a mano con la data del 4 aprile 2001, poche settimane prima della data originariamente fissata per l'esecuzione. Erano indirizzate a «C.J.» (?) ma le iniziali erano state cancellate con un tratto di penna.

Spiego qui perché ho fatto saltare in aria il Murrah Federal Building di Oklahoma City. Non per farmi pubblicità né per cercare di affermare le mie ragioni, ma perché ci sia chiarezza sul mio pensiero e le mie motivazioni nel far saltare in aria una sede governativa.

Ho deciso di far saltare un edificio del governo federale perché quest'azione, rispetto ad altre, sarebbe servita a più scopi. In primo luogo, l'attentato era un gesto di rappresaglia, una ritorsione per l'escalation di incursioni (con il loro carico di danni e di violenze) alle quali gli agenti federali hanno partecipato negli anni passati (Waco, ma non solo). Dalla formazione durante gli anni Ottanta, all'interno delle agenzie federali, di unità come l'Hostage Rescue dell'FBI e di altre squadre d'assalto, che ha avuto il suo culmine con i fatti di Waco, le azioni federali sono diventate sempre più violente e hanno assunto sempre più un carattere militare, finché a Waco il nostro governo – proprio come in Cina – ha utilizzato i carri armati contro i suoi stessi cittadini.

[...] In buona sostanza, gli agenti federali sono diventati "soldati" (ricevono un addestramento militare, ne usano le tattiche, le tecniche, l'equipaggiamento, il gergo, la divisa dell'esercito e ne condividono l'organizzazione e la mentalità) e il loro comportamento ha subito una degenerazione. Di conseguenza, l'attentato era da intendersi anche come un attacco preventivo (o proattivo) contro quelle forze militari e i loro centri di comando e controllo all'interno degli edifici federali. Quando una forza nemica lancia continui attacchi da una specifica base operativa, è una buona strategia militare portare la battaglia in campo nemico. Inoltre, prendendo in prestito una pagina della politica estera

degli Stati Uniti, ho deciso di mandare un messaggio a
un governo che sta diventando sempre più ostile, facendo saltare in aria un edificio del governo e i dipendenti del governo che in quell'edificio rappresentano il
governo. Far saltare in aria il Murrah Federal Building
era moralmente e strategicamente equivalente alle
azioni militari degli Stati Uniti contro gli edifici del governo in Serbia, in Iraq o in altre nazioni. Basandomi
sull'osservazione della politica del mio stesso governo,
ho considerato la mia azione come una scelta accettabile. Da questo punto di vista quello che è accaduto a
Oklahoma City non è diverso da ciò che gli americani
non smettono di infliggere agli altri. Quindi, il mio atteggiamento mentale era ed è di freddo distacco. (Mettere una bomba al Federal Murrah Building non era
un gesto più personale di quanto non lo sia quando i
membri dell'aviazione, dell'esercito, della marina o del
corpo dei marines bombardano o lanciano missili contro le sedi di governi stranieri e i loro dipendenti).
Spero che questa chiarificazione risponda alla sua domanda in maniera soddisfacente.

Cordialmente,

                                                              T.M.
                                        penitenziario di Terre Haute

Quando dichiarai che McVeigh soffriva di «un senso di giustizia eccessivamente sviluppato» la stampa
reagì con numerosi commenti indignati. Non che
avessi davvero bisogno di usare quell'espressione. Sa-
pevo però che ben pochi americani ritengono che
qualcuno sia seriamente capace di fare qualcosa se
non per interesse personale. Chi invece rischia deliberatamente la vita, o la dà, per mettere in guardia i propri concittadini da un governo oppressivo, è un pazzo.
Ma il bravo dottor Smith ha messo la cosa nella giusta
prospettiva: McVeigh non è pazzo. Fa sul serio.

È il 16 giugno. Sembrano passati cinque anni e non
cinque giorni dall'esecuzione. Il giorno prima dell'esecuzione, il 10 giugno, il «New York Times» pubblica
un articolo intitolato *The Future of American Terrori-*
sm. Evidentemente, il terrorismo ha un futuro: e per-
ciò dobbiamo stare attenti ai naziskin delle periferie.
Di tanto in tanto il «Times» ha ragione, per i soliti motivi sbagliati. Per esempio, la sua posizione attuale mi-
ra a dissipare l'illusione che «McVeigh sia solo una pe-
dina all'interno di un complotto più ampio, ordito da
una serie di personaggi non identificati che forse hanno avuto rapporti con il governo. Ma solo una piccola frangia di estremisti si attaccherà a lungo a questa
teoria». Grazie a Dio: c'era da temere che le voci di un
complotto più ampio continuassero a lungo e che persino la Old Glory[13] si unisse alle frange estremiste davanti ai nostri occhi. In tono più indignato che addo-
lorato, il «Times» sostiene che McVeigh si è giocato lo
status di martire prima dichiarandosi innocente e poi
non sfruttando il suo processo per fare «una dichiarazione politica su Ruby Ridge e Waco». McVeigh era
d'accordo con il «Times» e ce l'aveva con il suo primo
avvocato, Stephen Jones, per averlo venduto in empia
combutta col giudice. Durante l'appello, il suo nuovo
difensore sostenne che la vendita, in realtà, c'era stata quando Jones, in cerca di pubblicità, aveva incontrato Pam Belluck del «Times» e tacitamente ammesso la colpevolezza di McVeigh. Ecco spiegato il perché
di una difesa tanto debole. (Jones, da parte sua, sostiene di non aver fatto nulla di sbagliato).

In realtà, subito dopo l'attentato, ammette il «Times», i movimenti dei miliziani si allargarono a mac-
chia d'olio: dai duecentoventi gruppi antigovernativi
del 1995 a più di ottocentocinquanta alla fine del
1996. Uno dei fattori di questa crescita era la convin-

zione che circolava tra i gruppi dei miliziani che «gli agenti del governo avevano messo di proposito la bomba per giustificare la legislazione antiterrorismo. Addirittura un generale dell'aviazione in pensione sosteneva che insieme alla bomba sul camion di McVeigh ci fossero altri esplosivi all'interno dell'edificio». Nonostante il «Times» ami fare analogie con la Germania nazista, si è curiosamente guardato dal tracciare un parallelo con l'incendio del Reichstag del 1933 (in seguito Göring si prese il merito di quel crimine creativo), che poi permise a Hitler di invocare una legge-delega che gli attribuiva tutti i poteri di un dittatore «per la protezione del popolo e dello Stato» – e così via fino ad Auschwitz.

L'acuto caporedattore di «Portland Free Press», Ace Hayes, ha fatto giustamente notare che il metaforico cane di ogni atto terroristico qui deve ancora abbaiare. Logica vuole, infatti, che qualsiasi attentato venga rivendicato, in modo tale che nel paese si sparga il terrore. Nel caso di Oklahoma City, invece, nessuno se ne è assunta la paternità finché non lo ha fatto McVeigh dopo il processo che lo ha condannato a morte per le prove indiziarie fornite dall'accusa. Ace Hayes ha scritto: «Se quelle bombe non erano terrorismo, allora che cos'erano? Pseudoterrorismo, perpetrato da agenti isolati e clandestini per i fini di potere della polizia di Stato». A proposito della conclusione di Hayes, Adam Partley ha scritto in *Cult Rapture*: «Le bombe non sono diverse dalle false unità viet cong che venivano spedite a violentare e uccidere i vietnamiti per screditare il Fronte di Liberazione Nazionale. Non sono diverse dai falsi "ritrovamenti" di armi dei rossi a El Salvador. Non sono diverse dal fantomatico Esercito di Liberazione Simbionese, creato dalla CIA e dall'FBI per screditare i veri rivoluzionari». Prove di un complotto? Il 23 maggio 1995 Edye Smith fu intervistata da Gary Tuchman per la CNN. Diligentemente, fece notare che l'ufficio dell'ATF, circa diciassette persone al nono piano, non aveva registrato alcuna vittima. Sembrava addirittura che quel giorno non fossero venuti al lavoro. Jim Keith diede i dettagli in OKBOMB!, mentre Smith osservava alla TV: «Forse l'ATF aveva ricevuto un avvertimento? Pensavano, cioè, che quel giorno fosse meglio non entrare nell'edificio? Se così fosse, loro avrebbero avuto la possibilità di non venire al lavoro quel giorno, mentre i miei ragazzi no». A causa della bomba, Smith ha perso due figli. L'ATF ha addotto varie giustificazioni. L'ultima: cinque dipendenti si trovavano negli uffici. Illesi.

Un'altra pista che non è stata seguita: la sorella di McVeigh lesse una lettera che lui le aveva scritto di fronte al gran giurì, affermando che suo fratello era diventato un membro di certe «Unità Speciali impegnate in attività criminali».

Alla fine McVeigh, già condannato a morte, decise di prendersi tutta la responsabilità dell'attentato. Si stava comportando da bravo soldato professionista, coprendo così degli altri? O forse si vedeva ormai in un ruolo storico con il suo personale Harpers Ferry e, anche se le sue ceneri sono ormai polvere nella tomba, il suo spirito lotta insieme a noi[14]? Forse lo sapremo, un giorno.

A proposito dei «fini di potere della polizia di Stato»: dopo l'attentato, Clinton ha varato una serie di leggi che autorizzavano la polizia a commettere ogni sorta di crimine contro la Costituzione nell'interesse della lotta al terrorismo. Il 20 aprile del 1996 (il compleanno di Hitler, scritto a lettere d'oro nella memoria, almeno per i produttori di The Producers), il presidente Clinton ha firmato l'Anti-Terrorism Act («per la protezione del popolo e dello Stato» – l'accento, naturalmente, è sul secondo termine) mentre, un mese prima, il misterioso Louis Freeh aveva informato il Congresso dei suoi piani per estendere le intercettazioni telefoniche della sua polizia segreta. Clinton ha descritto il suo Anti-Terrorism Act in un idioma familiare («*USA Today*», primo marzo 1993): «Non possiamo essere così ossessionati dal desiderio di preservare i diritti dei comuni cittadini». Un anno dopo (19 aprile 1994, MTV): «Molta gente dice che c'è troppa libertà individuale. Quando si abusa della libertà individuale, bisogna agire per limitarla». Su questa nota lamentosa si è laureato con lode alla scuola di Newton Gingrich[15].

Essenzialmente, l'Anti-Terrorism Act mirava a creare una forza nazionale di polizia, passando così sul cadevere dei padri fondatori. I dettagli ci vengono forniti dal disegno di legge 97 della Camera dei Rappresentanti, un mostro partorito da Clinton, da Janet Reno e dal misterioso signor Freeh. La legge prevedeva l'istituzione di una Rapid Deployment Strike Force ('Forza di Pronto Intervento a Dislocamento Rapido') di duemilacinquecento uomini con a capo il procuratore generale, dotato di poteri dittatoriali. Joe Hendricks, capo della polizia di Windsor, nel Missouri, si oppose fermamente all'idea di una forza di polizia sovracostituzionale. Secondo la legge, sottolineava Hendricks, «un agente dell'FBI potrebbe entrare nel mio ufficio e requisire l'intero dipartimento di polizia. Se non ci credete, date un'occhiata al progetto di legge anticrimine che Clinton ha firmato nel 1995. Dice che i federali devono prendere il controllo del dipartimento di polizia di Washington, DC. A mio parere questo crea un pericoloso precedente». Ma dopo mezzo secolo passato ad aspettare l'attacco dei russi e poi i terroristi dei sempre più numerosi stati canaglia e l'orrore dei crimini legati alla droga, non può esserci pace per un popolo così abitualmente – e così crudelmente – disinformato. Eppure una diffidenza di fondo sembra far parte della psiche dell'individuo americano. Lo dimostrano anche i sondaggi. Secondo uno studio dello Scripps Howard News Service, il 40 per cento degli americani pensa che sia molto probabile che sia stata l'FBI ad appiccare gli incendi a Waco. Il 51 per cento pensa che i federali abbiano ucciso Jack Kennedy (Oh, Oliver, che cosa hai fatto![16]). L'80 per cento crede che l'esercito stia insabbiando le prove che l'Iraq ha usato il gas nervino o qualcosa di altrettanto letale nel Golfo. Purtroppo, l'altra faccia della medaglia è preoccupante. Dopo Oklahoma City, secondo il «Los Angeles Times» il 58 per cento degli americani era disponibile a rinunciare ad alcuni dei suoi diritti per arginare il terrorismo. Tra questi, viene da chiedersi, c'è anche il sacro diritto a essere male informati dal governo?

Poco dopo il verdetto contro McVeigh, il direttore Freeh ha consolato la commissione Giustizia del Senato: «La maggior parte delle organizzazioni di miliziani all'interno del paese non sono, a nostro giudizio, minacciose o pericolose». In precedenza, però, davanti alla commissione Stanziamenti del Senato, aveva «confessato» che il suo ufficio era preoccupato a causa di «vari individui e organismi, alcuni dei quali sospettano il governo di complotti a livello mondiale: individui che si sono coalizzati contro gli Stati Uniti». In sostanza, questo burocrate, che fa il Lavoro di Dio, considera una minaccia gli «individui che sposano ideologie non conformi ai principi del governo federale». Stranamente, visto che si tratta di un ex giudice, Freeh non sembra rendersi conto di quanto sia agghiacciante quest'ultima frase.

Anche William Colby, l'ex direttore della CIA, diventa nervoso quando si tratta di dissidenti. Durante una chiacchierata con il senatore del Nebraska John deCamp (poco prima dell'attentato a Oklahoma City), Colby meditava: «Ero lì mentre il movimento pacifista rendeva impossibile al nostro paese affrontare o vincere la guerra del Vietnam. [...] Questo movimento dei Patriots e delle milizie [...] è molto più importante e molto più pericoloso per gli americani di quanto non sia mai stato il movimento pacifista, se non viene gestito con intelligenza. [...] Non è perché questi uomini sono armati che l'America si deve preoccupare», continua Colby, «è perché sono tanti. Una cosa è avere a che fare con un pugno di scervellati e dissidenti. Di loro ci si può occupare, *secondo giustizia o diversamente* [il corsivo è mio], per far sì che non rappresentino una minaccia per il sistema. Quando hai a che fare con un vero movimento, con milioni di cittadini che credono in qualcosa, è tutta un'altra situazione: in modo particolare quando il movimento è costituito da cittadini normali, da persone riuscite». Presumibilmente, il modo "diverso" di gestire un movimento del genere – per esempio quando elegge un presidente con mezzo milione di voti di distacco – consiste nel chiamare in causa una Corte Suprema allineata perché fermi i conteggi di uno Stato, crei scadenze arbitrarie e inventi ritardi su ritardi finché il nostro vecchio sistema elettorale non dà automaticamente la presidenza al candidato "del sistema" invece che a quello per cui hanno votato i cittadini.

Molti "esperti" – e molti esperti veri e propri – sostengono che McVeigh non ha mai costruito né fatto esplodere la bomba che provocò la distruzione di una buona parte del Murrah Federal Building il 19 aprile 1995. Cominciamo dalla fine (più o meno il modo in cui l'FBI ha affrontato il caso): se McVeigh *non* è colpevole, allora perché ha confessato il gesto omicida?

Attraverso le sue lettere e ciò che ho appreso su di lui grazie a una lunghissima lista di libri, mi sono convinto che McVeigh, una volta dichiarato colpevole a causa di quella che riteneva una difesa sciatta da parte del suo avvocato principale Stephen Jones (così diversa dalla brillante arringa di Michael Tigar, l'avvocato del suo co-cospiratore Terry Nichols), si rese conto che l'unica alternativa all'iniezione letale era mezzo secolo o più di vita in gabbia. Qui entra in gioco un particolare aspetto del nostro sistema carcerario (considerato fra più barbari del Primo Mondo), sottolineato anche dallo scrittore inglese John Sutherland sulle pagine del «Guardian». In un suo articolo, Sutherland cita le parole pronunciate dal procuratore generale della California Bill Lockyer a proposito dell'amministratore delegato di una società elettrica che si è recentemente arricchito sfruttando i noti problemi energetici dello Stato: «"Mi piacerebbe molto accompagnare personalmente l'amministratore delegato in questione in una cella di 8 metri per 10 e gettarlo in pasto a un tizio pieno di tatuaggi che gli fa: 'Mi chiamo Spike, tesoro'". [...] Il funzionario più importante dell'amministrazione giudiziaria dello Stato ci ha confermato ciò che tutti sospettavamo, e cioè che lo stupro fa parte delle pene previste dal codice. Andare in prigione e scontare la pena come schiavo sessuale di un Hell's Angel è considerato parte della condanna». Passare vent'anni a togliersi di dosso le manacce di Spike non è esattamente l'idea di divertimento di un eroe henleyano. Meglio morto che nelle grinfie di Spike. E allora: «Sono stato io a piazzare la bomba al Murrah Building».

Eppure, ci sono prove schiaccianti dell'esistenza di un piano che coinvolgeva alcuni miliziani e (chi lo sa?) infiltrati del governo come teste d'ariete per creare panico e convincere così Clinton a firmare l'infame Anti-Terrorism Act. Se anche è vero, come sembra, che le parti interessate erano molte, non è mai facile trovare una sorta di teoria unificata dei campi. Ma se una teoria del genere esistesse, allora Joel Dyer sarebbe il nostro Einstein (fra l'altro neppure Einstein è mai riuscito a unificare i suoi campi). Nel 1998, su queste pagine, ho esaminato il libro di Dyer *Harvest of Rage*. Dyer era direttore del «Boulder Weekly». Scrive della crisi dell'America rurale in seguito al declino delle piccole proprietà terriere a conduzione familiare, declino che ha coinciso con la nascita di varie milizie e culti religiosi, alcuni pericolosi, altri semplicemente tristi. In *Harvest of Rage*, Dyer dimostra che McVeigh e Terry Nichols non potevano aver agito da soli nell'attentato di Oklahoma City. Ora, dopo una lunga indagine, ha scritto un epilogo ai processi dei due co-cospiratori. Eccovi alcune delle sue sconcertanti scoperte.

Alla fine, il 2 giugno 1997, Timothy McVeigh fu dichiarato colpevole di undici reati, tra cui la cospirazione, e di otto omicidi legati a quella che l'FBI chiamava la "Okbomb".

L'accusa fece un buon lavoro, glissando sui punti più deboli della propria tesi. Alcuni esperti di esplosivi, per esempio, avevano messo in dubbio il fatto che una singola bomba al fertilizzante potesse provocare tutti quei danni al Murrah Building. Non meno di 10 testimoni, inoltre, avevano visto un camion Ryder parcheggiato presso il lago Geary, nel Kansas (il luogo dove, secondo quanto asseriva il governo, la bomba era stata preparata) prima che McVeigh noleggiasse il camion usato nell'attentato. La testimonianza più preziosa per l'accusa fu quella di un ex compagno d'armi dell'imputato, Michael Fortier, e di sua moglie Lori. Furono proprio i Fortier a dare allo stato le prove di cui aveva bisogno: Michael, infatti, testimoniò che McVeigh aveva deciso di distruggere il Murrah Building perché era convinto che gli ordini di attaccare il complesso dei davidiani erano venuti da lì; disse anche alla giuria di avere aiutato McVeigh a ispezionare l'edificio prima dell'attentato. E nonostante ci fossero prove del contrario, i Fortier sostennero di non essere stati complici dell'attentato. Michael venne condannato a dodici anni.

Stephen Jones sottolineò a più riprese che i Fortier erano dei bugiardi, nonché consumatori di metanfetamine, e dunque non attendibili. Ma la giuria non fu minimamente toccata. La presentazione della difesa di McVeigh durò meno di una settimana. Spesso Jones confondeva e annoiava la giuria, invece che convincerla dell'innocenza del suo cliente. E anche quando riusciva a dimostrare che dietro l'attentato doveva esserci un grosso complotto, non faceva molto per provare che McVeigh non era il cuore del complotto. L'atteggiamento di Jones spinse alcuni giornalisti a pensare che lo stesso McVeigh stava ponendo dei limiti al proprio difensore per evitare di dissotterrare prove contro eventuali complici.

«Playboy» e «Dallas Morning» pubblicarono quelle che a loro dire erano le confessioni di McVeigh al suo team di difensori. Per tutt'e due le testate, McVeigh aveva ammesso la propria partecipazione all'attentato. Secondo molti, quelle confessioni costituivano la prova che solo McVeigh e Nichols fossero direttamente coinvolti nell'attentato. Proprio quello che, secondo alcuni, sosteneva lo stesso McVeigh. Ma c'è motivo di essere scettici. Io ritengo che con quella confessione McVeigh cercasse, ancora una volta, di recitare la parte del buon soldato per proteggere i suoi complici.

Fu il governo a far esplodere il palazzo? Terry Nichols fu processato nell'autunno del 1997. Fin dall'ini-

zio, la tesi del governo contro Nichols fu più difficile
da provare rispetto a quello contro McVeigh. La differenza più importante: all'epoca dell'attentato Nichols si trovava in Kansas. E poi aveva un buon avvocato, Michael Tigar. Alla fine, quindi, la giuria sca-
gionò Nichols dall'accusa di omicidio volontario, ma
lo dichiarò colpevole di aver progettato l'attentato al
Murrah Building nonché di otto reati di omicidio pre-
terintenzionale. Al momento della sentenza, però, la
giuria era entrata in stallo, il che escludeva di per sé la
pena di morte. Dopo due giorni di camera di consiglio, la presidentessa Niki Deutchman informò il giudice Richard P. Matsch che la giuria si trovava in una
impasse. Il 4 giugno 1998 Matsch prese in mano il caso e condannò Terry Nichols al carcere a vita, ma la
decisione del giudice fu molto discussa. La Deutchman dichiarò alla stampa: «Qualcuno ha deciso troppo presto che McVeigh e Nichols erano quelli che si
stavano cercando, e lo stesso tipo di risorse non è stato utilizzato per cercare di scoprire chi altri potesse essere coinvolto [...]. In verità, il governo se ne è lavato
le mani». Alcuni giurati pensavano che potessero esserci altri complici ancora in libertà. Poco dopo la
conferenza stampa, pare che la Deutchman abbia ricevuto delle minacce terroristiche.

A quel punto, il governo reagì.

Il procuratore generale Janet Reno sparò a zero sulle critiche della Deutchman. Rassicurò il popolo americano che l'FBI aveva seguito ogni pista nello sforzo di
trovare i colpevoli dell'attentato. Negò che fosse in atto una cospirazione più ampia e assicurò che McVeigh
e Nichols erano i soli autori del reato.

Purtroppo, Janet Reno ha quasi sicuramente torto.
Durante la mia indagine, in cui ho preso in esame tutta la documentazione del processo McVeigh, ho trovato le prove che l'FBI non ha seguito alcune piste

concrete, o, se l'ha fatto, ha omesso di comunicarlo alla difesa. Ho scoperto alcune informazioni che vennero fornite all'FBI dalle forze dell'ordine del Kansas e da testimoni oculari molto attendibili che sono state evidentemente trascurate. Quel che è ancora più importante, ho le prove che l'FBI potrebbe aver omesso di comunicare al team dei difensori, durante la presentazione dei documenti, alcune informazioni che avrebbero potuto compromettere i verdetti contro McVeigh e Nichols.

Il sospettato n. 1. La prima volta che a Charles Farley fu mostrata una foto dell'uomo su cui cercò ripetutamente di indirizzare le indagini dell'FBI era il 10 dicembre 1997. Farley occupava lo scranno dei testimoni in un'aula federale di Denver, e la persona che gli stava mostrando la foto non lavorava per il governo. Lavorava per Terry Nichols. «Signor Farley, [...] conosce l'uomo raffigurato in questa foto?», chiese Adam Thurschwell, uno dei difensori di Nichols. «Sì, signore», rispose Farley. «Era il tipo che stava davanti alla portiera del camion, quello che mi ha lanciato l'occhiataccia».

Farley, un dipendente del Fort Riley Outdoor Recreation Center, nei pressi del lago Geary, stava testimoniando a favore della difesa su ciò che aveva visto pochi giorni prima dell'attentato. Aveva già raccontato all'FBI che il 17 o il 18 aprile 1995 era andato a ispezionare il lago per valutare se fosse il momento giusto per la pesca. Dopo il sopralluogo, si era rimesso alla guida lungo la bretella che portava verso l'autostrada, ma era stato rallentato da una serie di veicoli parcheggiati vicino all'uscita: un pick-up, un grosso camion da traslochi, una macchina marrone e un camion Ryder. Accanto ai veicoli c'erano parecchi uomini, e il camion più grosso era pieno di sacchi che gli sembrarono di fertilizzante al nitrato d'ammonio. «Avevo l'impressione che fosse sovraccarico», disse Farley alla giuria. Pensando che il camion si fosse fermato per il peso eccessivo del fertilizzante, Farley decise di offrire il suo aiuto, ma cambiò subito idea quando uno degli uomini – lo stesso, a suo giudizio, che in seguito, più di due anni e mezzo dopo, avrebbe identificato in tribunale – gli lanciò un'occhiataccia. L'uomo era in piedi proprio accanto alla macchina di Farley e aveva molti tratti caratteristici: per esempio, portava la barba senza baffi. Farley disse di aver visto di nuovo lo stesso uomo pochi giorni più tardi, dopo l'attentato, stavolta alla TV, mentre lo intervistavano sul fenomeno delle milizie. Allora già si sapeva che la bomba era stata fatta esplodere nel retro di un camion Ryder che, così si diceva, era stato noleggiato a Junction City, nel Kansas, nei pressi del lago Geary. Si diceva anche che la bomba era stata preparata con del fertilizzante a base di nitrato d'ammonio. Pensando di poter dare una testimonianza di prima mano su chi poteva aver fabbricato la bomba, Farley chiamò un numero verde dell'FBI. Due settimane dopo un agente si presentò al suo ufficio per parlare con lui, ma la cosa finì lì. Il governo abbandonò quella che sembrava una pista importante nonostante le informazioni di Farley confermassero i sospetti del governo sul luogo in cui era stata costruita la bomba. L'FBI, del resto, non cercò mai di identificare l'uomo che Farley disse di aver visto da vicino. Secondo fonti vicine alla difesa, gli avvocati di Nichols, pensando di aver individuato il soggetto, chiesero all'FBI di produrre tutte le informazioni al suo riguardo. Ma il file che fu consegnato alla difesa conteneva solo ritagli di giornale. Non c'era nulla nel fascicolo che indicasse che l'FBI avesse mai tentato di contattare quell'uomo o di metterlo in fila accanto ad altri perché Farley lo identificasse. Non si erano nemmeno dati la pena di contattare la stazione TV di Topeka per rivedere la registrazione in cui appariva il sospetto di Farley.

Questa carenza investigativa mi sembrò strana e così decisi di cercare di individuare l'uomo misterioso, basandomi solamente sulla descrizione di Farley. In meno di venti minuti dalla mia prima telefonata alle mie conoscenze tra i miliziani del Kansas, avevo già identificato l'uomo della foto che era stata mostrata a Farley in tribunale. Il sospettato n. 1 non era certo uno sconosciuto all'interno del movimento antigovernativo.

Oltre a comparire in televisione, il tizio era stato citato in un articolo di un quotidiano di Kansas City dopo l'attentato: si vantava di aver usato le tattiche dei Freemen[17] per spacciare false lettere di pegno e falsi assegni in Kansas. Diverse fonti legate alle forze dell'ordine del Kansas mi dissero che, nel periodo in cui venivano pubblicate quelle dichiarazioni, era in corso una grossa indagine federale contro alcuni casi di frode bancaria in stile Freemen – un'indagine in cui era coinvolto anche l'uomo di Farley. Parecchie fonti mi hanno dato conferma dell'esistenza dell'indagine. Dato che il sospettato n. 1 era sotto inchiesta, doveva esserci qualcos'altro nel suo fascicolo, oltre ai ritagli di giornale. A quanto pare, dunque, il team dei difensori fu tenuto all'oscuro di alcune informazioni. Perché l'FBI non ha seguito le indicazioni di Farley? La spiegazione migliore è che la pista avrebbe creato seri problemi alla causa del governo contro McVeigh e Nichols. Il problema è che Farley aveva visto cinque uomini, e non due, col nitrato d'ammonio e il camion Ryder.

Il sospettato n. 2. Il giorno dopo l'attentato, due identikit della polizia furono spediti via fax alle sedi dei mezzi di informazione e agli uffici delle forze dell'ordine di tutto il paese. Ritraevano due uomini che

presumibilmente erano quelli che avevano fatto esplodere la bomba: Tizio e Caio. McVeigh, messo sotto arresto novanta minuti dopo l'attentato perché guidava
una macchina senza targa e trasportava un'arma na-
scosta, fu rapidamente identificato come Tizio. Caio
non è mai stato identificato dall'FBI.

Nel Kansas, il vicesceriffo della contea di Shawnee,
Jake Mauck, sostiene di esser quasi caduto dalla sedia
quando, dopo l'attentato, confrontò l'identikit di Caio
con la foto di un noto attivista antigovernativo della
zona. La contea di Shawnee si trova a cinquanta miglia da Junction City, il luogo dove fu noleggiato il camion Ryder e dove McVeigh trascorse una notte al
Dreamland Motel con un altro uomo, mai identificato. Mauck sostiene di aver subito messo in allarme l'FBI
sulle sue ipotesi a proposito del sospettato n. 2 ma, per
ragioni che probabilmente non conosceremo mai, l'FBI
non fece seguire alcuna iniziativa alle comunicazioni
del vicesceriffo. Né diede retta ad analoghe indicazioni che provenivano da Suzanne James, un'impiegata
degli uffici della Drug Administration della contea, alla quale l'FBI disse che gli agenti stavano già indagan-
do sul sosia di Caio segnalato da Mauck. Era così? A
quanto pare no. L'unico ad avviare delle indagini serie
sull'uomo di cui Mauck e James sospettavano fu Mike
Tharp, giornalista dell'«US News and World Report».
Fu Mauck a mettersi in contatto con lui quando si ac-
corse che la sua frustrazione nei confronti dei federali stava diventando intollerabile. Tharp si fece dare da
Mauck una foto del sospettato n. 2 e cominciò a mo-
strarla in giro a tutti quelli che dicevano di aver visto
un uomo diverso da Terry Nichols insieme a McVeigh
nei giorni precedenti all'attentato. Una di queste persone era Barbara Whittenberg, proprietaria del Santa
Fe Trail Diner di Herington. La donna, che sosteneva
di aver visto Caio assieme a McVeigh, disse: «È lui, ci

giurerei quasi». Altre persone cui Tharp mostrò le foto dissero di credere che era l'uomo che avevano visto
con McVeigh. Quando Tharp chiese notizie all'FBI, gli
risposero con una formula ormai anche troppo familiare: «Seguiremo tutte le piste». Ma non ci sono prove che l'FBI abbia mai fatto alcun tentativo di seguire
la pista relativa al sospettato n. 2.

Il sospettato n. 3. Pochi giorni dopo l'attentato, Rus-
sell Roe, assistente procuratore del tribunale della
contea di Geary, nel Kansas, incontrò gli agenti
dell'FBI e raccontò di un tale che viveva nella sua zona,
noto per aver partecipato ad attività antigovernative.
Roe disse che il tizio somigliava a Caio e che si diceva
avesse fatto esplodere delle bombe al fertilizzante nella sua proprietà nell'est del Kansas prima dello scop-
pio della bomba al Murrah Building. Suzanne James,
la donna che lavorava negli uffici della Drug Administration della contea di Shawnee, aveva segnalato agli
agenti lo stesso uomo, ma a quanto pare il governo
non era interessato all'informazione. Dopo aver telefonato cinque volte all'FBI, James aveva lasciato perdere. Anche lo sceriffo della contea di Pottawatomie,
Tony Metcalf, fece il nome del sospettato n. 3 all'FBI.
Qualche tempo dopo, nell'autunno nel 1997, intervi-
stai Cliff Hall, proprietario del «Topeka Metro News».
Mi disse che il sospettato n. 3 aveva comprato degli
spazi sul suo giornale per pubblicare delle farnetica-
zioni in stile Freemen sulle ipoteche e sulla rinuncia
alla cittadinanza. Hall aggiunse poi che un agente dei
servizi segreti si era presentato in redazione per otte-
nere copia delle inserzioni come parte dell'indagine in
corso sul sospettato n. 3.

Il nome del sospettato n. 3 venne fuori anche in
un'indagine su un caso di frode bancaria in Texas.
L'indagine condusse a una serie di processi federali

per frode contro vari membri dell'associazione anti-
governativa Republic of Texas (ROT), tra cui il leader
del gruppo, Richard McLaren. Come parte delle prove addotte contro la ROT, il governo fornì alcuni video
che mostravano il gruppo mentre preparava falsi documenti bancari. I video avevano in serbo un'ulterio-
re sorpresa: si vedeva chiaramente che l'individuo che
stava spiegando alla ROT come creare i documenti era
il sospettato n. 3. Gli avvocati difensori di McLaren
non riuscivano a capire perché il loro cliente e prati-
camente tutti gli altri che apparivano in quel video
fossero stati arrestati e accusati, mentre il sospettato n.
3 non era mai stato incriminato. Fu allora che comin-
ciarono a sospettare di una trappola. Secondo gli atti
del processo McLaren, Tom Mills, il legale dell'imputato, domandò al governo tutti i documenti relativi al
sospettato n. 3 ma l'accusa, con una mossa spiegata
solo al giudice, presentò una mozione chiedendo che i
fascicoli in questione non venissero consegnati alla difesa. Il governo avrebbe consegnato i documenti per
la sola presentazione a porte chiuse. In pratica, l'FBI
accettava di consegnare i documenti al giudice ma
non ai legali di McLaren.

Senza lasciarsi impressionare dalla complicazione
dell'"a porte chiuse", il team degli avvocati difensori di
McLaren tentò una nuova strategia. Se non potevano
consultare i documenti – pensarono – avrebbero citato
il sospettato n. 3 in giudizio. Mills ingaggiò un investigatore, che localizzò subito l'uomo nell'Oregon. A
quel punto, Mills chiese dei fondi al tribunale per mandare l'investigatore in aereo nell'Oregon a notificare la
citazione al sospettato. Il giudice acconsentì. Fu allora
che il governo fece qualcosa di molto insolito, più ancora che far sparire i documenti. Arrestò il sospettato
n. 3 nel cuore della notte, solo cinque ore prima della
notifica della citazione. Mills trascorse diverse ore a

parlare con il sospettato n. 3 in una prigione di Dallas e presentò una nuova istanza. Dichiarò di essere più che mai convinto che quell'uomo avesse in qualche modo già collaborato con le autorità in passato, e che quindi la difesa doveva essere autorizzata a vedere i documenti presentati a porte chiuse. Ma la sua richiesta fu di nuovo respinta. Il sospettato n. 3, alla fine, si presentò a deporre in tribunale mentre la giuria era in camera di consiglio. Il buon senso suggerisce che, se fosse stato un agente o un informatore del governo, avrebbe dovuto appellarsi al Quinto Emendamento, ma non lo fece. E quando gli fu chiesto se fosse lui l'uomo nominato nella citazione in giudizio, diede una risposta in puro stile Freemen: chiese al giudice di fare lo spelling del suo nome e di precisare quali fossero le maiuscole. Il giudice fece lo spelling, e l'uomo rispose che era sbagliato. A quel punto l'accusa (e quindi il governo, che già aveva fatto di tutto per impedire al sospettato n. 3 di testimoniare) disse che l'uomo doveva essere sottoposto a una perizia psichiatrica. Il giudice si disse d'accordo e il sospettato n. 3 non fu mai più costretto a spiegare la sua apparente immunità processuale. Nel 1998, McLaren venne dichiarato colpevole di ventisette reati federali. I suoi difensori non ebbero mai accesso ai documenti relativi al sospettato n. 3.

Per quanto l'FBI continui a negare, ciò che sappiamo è che il governo ha inspiegabilmente omesso di seguire delle solide piste relative ai sospettati n. 1, n. 2 e n. 3 e, immagino, anche ad altri membri della stessa organizzazione.

Sarà interessante vedere se ciò che Joel Dyer ha scritto solleticherà l'FBI tanto da spingerla a seguirne le indicazioni, così generosamente offerte.

Finora il libro di David Hoffman, *The Oklahoma City Bombing and the Politics of Terror*, è il più com-

pleto di una decina di resoconti su ciò che è successo
o non è successo quel giorno di aprile. Hoffman comincia la sua indagine con la lettera di un generale di
brigata dell'aviazione in pensione, Benton K. Partin,
datata 17 maggio 1995 e inviata a tutti i membri del
Senato e della Camera dei Rappresentanti. «Quando
ho visto per la prima volta le foto dei danni asimme-
trici che il camion-bomba aveva causato al Federal
Building, la mia prima osservazione è stata che lo
schema dei danni sarebbe risultato tecnicamente impossibile senza ulteriori cariche piazzate alla base di
alcune delle colonne di cemento armato di sostegno
[...]. Che l'esplosione di un camion-bomba di fattura
elementare, delle dimensioni e della composizione che
sono state riportate, possa arrivare fino a venti metri
d'altezza e far crollare una colonna rinforzata delle dimensioni della A7 va oltre ogni plausibilità». Una dichiarazione autonoma e concorde è stata fornita anche da Samuel Cohen, padre della bomba a neutroni
ed ex membro del Manhattan Project, che così ha
scritto a un deputato dello stato dell'Oklahoma: «È
assolutamente impossibile e contro ogni legge fisica
che un camion pieno di fertilizzante e olio per motori
[...] non importa la quantità [...] possa aver fatto crollare l'edificio». Viene da pensare che l'avvocato difensore di McVeigh, così instancabile nel cercare una pista mediorientale, avrebbe dovuto chiamare questi
noti esperti a testimoniare, ma da un'analisi del reso-
conto del caso fornito da Jones, *Others Unknown*,
non emerge nessuno dei due nomi.

Nel numero del 20 marzo 1996 del bollettino
«Strategic Investment» si sostiene che gli analisti del
Pentagono erano tendenzialmente d'accordo con il
generale Partin. «Un rapporto segreto preparato da
due esperti del Pentagono che hanno lavorato indi-
pendentemente l'uno dall'altro è giunto alla conclu-

sione che la distruzione del Federal Building di Oklahoma City nell'aprile scorso fu causata da cinque bombe diverse [...]. Fonti vicine agli autori dello studio sostengono che Timothy McVeigh prese effettivamente parte all'attentato ma "in maniera periferica", come un "utile idiota"». E finalmente, inevitabilmente – siamo in guerra, dopotutto – «le cinque bombe sono "firmate" dal terrorismo arabo, e rivelano il coinvolgimento dell'Iraq o della Siria».

A quanto pare, le ispezioni *pro bono publico* dei resti dell'edificio effettuate da Partin e Cohen si rivelarono inutili. Sedici giorni dopo l'attentato, la ricerca delle vittime si fermò. Partin scrisse un'altra lettera al Congresso, affermando che l'edificio non doveva essere distrutto finché un team legale indipendente non lo avesse visitato e avesse ispezionato i danni. «È troppo facile occultare prove cruciali, come sembra sia stato fatto a Waco [...]. Perché tanta fretta di distruggere le prove?». Ecco la parola chiave: i federali demolirono l'edificio sei giorni dopo. Diedero la stessa scusa che avevano utilizzato per Waco: «Rischi per la salute pubblica». Partin: «Si dice sempre così quando si insabbiano le prove».

Partin sospettava un complotto comunista. Be', nessuno è perfetto.

«Cos'è che rimane in testa?», era la domanda che facevano sempre i produttori televisivi della cosiddetta età dell'oro dei programmi in diretta. Voleva dire: che cosa penserà il pubblico a fine programma? La storia di McVeigh ci "lascia in testa" molte cose. Se McVeigh è stato semplicemente un «utile idiota», uno strumento di quello che potrebbe essere un complotto molto vasto, che coinvolge vari gruppi di miliziani nostrani con l'aiuto, secondo quanto ritengono alcuni, di complici mediorientali, allora il rifiuto dell'FBI di seguire tante piste promettenti va molto oltre la sua incompetenza di routine e puzza di tradimento. Se McVeigh era l'improbabile, solitario ideatore e autore dell'attentato, allora la sua «disumana» (l'aggettivo di Unabomber) distruzione di tante vite umane non avrà avuto alcuno scopo a meno di prenderla sul serio per ciò che è: un segnale di sveglia a un governo federale profondamente odiato, a quanto pare, da milioni di cittadini. (Ricordatevi che il popolare Ronald Reagan è sempre andato *contro* il governo federale, anche se spesso per le ragioni sbagliate). Conclusione finale e azzardata: McVeigh non ha fabbricato né piazzato né fatto esplodere la bomba ma, una volta arrestato con un altro capo d'accusa, si è preso tutta la "gloria" per sé e ha dato in cambio la vita. Ma questa storia, più che a Henley, si addice a uno dei suoi ragazzi, Rudyard Kipling, l'autore de *L'uomo che volle farsi re*.

Infine, il fatto che la sceneggiatura McVeigh-Nichols non abbia senso ci suggerisce che, ancora una volta, ci troviamo di fronte a un delitto "perfetto" – almeno per ora.

«Vanity Fair», settembre 2001

Il massacro dei Dieci Emendamenti[18]

La maggior parte degli americani di una certa età ricorda esattamente dove si trovava e che cosa stava facendo il 20 ottobre del 1964, quando arrivò la notizia che Herbert Hoover era morto. Il cuore e la mente di una nazione si fermarono. Ma quanti si ricordano del luogo e del momento in cui per la prima volta si resero conto che uno dei Dieci Emendamenti aveva cessato di essere in vigore? Per me, fu un giorno del 1960 a una festa a Beverly Hills: ricevetti la brutta notizia dall'attore – allegro per costituzione – Cary Grant. Era appena arrivato in volo da New York. Aveva ritirato il suo biglietto al bancone di una linea aerea in quel magico aeroporto da vecchio mondo, Idlewild, che già dal nome rifletteva la nostra condizione. «C'erano delle belle ragazze dietro al balcone ed erano molto felici di aiutarmi, o almeno così dicevano. Ho firmato un po' di autografi, Poi ho chiesto a una di loro i biglietti. Improvvisamente è diventata molto seria. "Ha un documento?", mi ha chiesto». (Amici ben informati mi dicono che il *concept* di questa storia è ora la base di una serie di spot televisivi della Visa, che io non ho visto). Sarebbe un'esagerazione se dicessi che sentii un brivido nell'aria, quella sera di tanti anni fa a Beverly Hills. In realtà, ci facemmo una risata e basta. Ma, anche se solo per un istante, mi chiesi se il futuro non avesse battuto il suo piedino leggiadro sulla nostra tomba di massa. Per una curiosa coincidenza, fu di nuovo Grant a darmi, con la leggerezza di sempre, la notizia che anche la privacy era appesa a un filo sottilissimo. «Stamattina mi ha telefonato un amico da Londra», mi disse. Era il 4 giugno del 1963. «Di solito abbiamo dei nomi in codice, ma stavolta se ne è dimenticato. Così, quando ha chiesto di me, ho detto nella cornetta, "Ok. St Louis, smettetela di origliare. Anche voi, Milwaukee" e così via. Gli operatori adorano stare lì a sentire. Insomma, abbiamo parlato di affari e dopo mi ha chiesto: "Che si dice in giro a Hollywood?". Io gli ho risposto, "Be', Lana Turner ha sempre una storia con quel cestista nero". Uno degli operatori che era ancora in linea ha cacciato un urlo tremendo: "Oh, no!"».

Giorni innocenti. Oggi, mentre i media e il Congresso fanno risuonare il loro inno, «*twinkle, twinkle, little Starr, how we wonder what you are*»[19], si presume che il presidente in carica non abbia diritto ad alcuna privacy, perché, vedete, in realtà si tratta di sesso e non della verità, che è sempre un punto di partenza fallimentare nella vita politica. Se il nome di Grant bastava a scatenare un pubblico devoto di centraliniste telefoniche, il resto di noi veniva generalmente lasciato in pace. Erano bei tempi. Oggi, mentre due guerre gemelle, senza quartiere e destinate a non essere mai vinte, sono in corso contro la droga e il terrorismo, due milioni di conversazioni telefoniche ogni anno vengono intercettate da funzionari incaricati di far rispettare la legge. E per quanto riguarda quel famoso "posto di lavoro" cui la necessità assegna tanti americani, «l'abuso quotidiano delle libertà civili [...] è un male nazionale», come sostiene l'American Civil Liberties Union nel suo rapporto del 1996.

Secondo i dati del rapporto, tra il 1990 e il 1996 il numero di lavoratori sotto sorveglianza elettronica è cresciuto da otto milioni ogni anno a più di trenta milioni. Al contempo, i datori di lavoro intercettano una stima di quattrocento milioni di conversazioni telefoniche l'anno, qualcosa come settecentocinquanta al minuto. Nel 1990, alcune delle aziende più importanti hanno sottoposto il 38 per cento dei loro dipendenti all'esame dell'urina per il consumo di droga. Nel 1996, più del 70 per cento dei dipendenti ha dovuto subire questo abuso. I ricorsi in tribunale non hanno dato risultati incoraggianti. Anzi, la Corte Suprema della California ha deliberato che le imprese di pubblici servizi hanno il diritto di sottoporre al test sulla droga non solo quei dipendenti ai quali è stato affidato il compito di far volare i jet o di difendere i nostri confini dall'imperialismo panamense, ma anche quelli che spazzano i pavimenti. La Corte ha altresì deciso che le amministrazioni sono libere di sottoporre i candidati all'esame sul consumo di droga e di alcool. La sentenza è stata ispirata dal comportamento della città-stato di Glendale, in California, che voleva sottoporre a esame tutti i dipendenti in procinto di ricevere una promozione. La città di Glendale è stata trascinata in giudizio con l'accusa di violazione della tutela che il Quarto Emendamento garantisce contro «perquisizioni e sequestri ingiustificati». La politica di Glendale è stata sostenuta dalla Corte Suprema della California, ma il giudice Stanley Mosk si è dissociato: «I test sulla droga rappresentano un'importante invasione aggiuntiva dei diritti essenziali dei candidati alla dignità e alla privacy [...] e la città non si è accollata il peso considerevole di dimostrare che una tale invasione fosse giustificata nel caso di tutti i candidati a cui era stato offerto impiego».

Durante lo scorso anno ho avuto due illuminazioni alla Cary Grant, molto più cupe di quanto non mi accadesse ai bei tempi, quelli di relativa libertà dallo Stato. Una nota coppia di attori e i loro due figli piccoli sono venuti a trovarmi, un'estate. Avevano scattato alcune foto del figlio di quattro anni e del suo fratellino di sei che saltellavano nudi in mezzo al mare. Tornato a casa, a Manhattan, il padre porta i negativi al drugstore per farli sviluppare. Poco dopo, riceve una telefonata frenetica dal fotografo, fortunatamente un amico: «Se stampo queste foto devo denunciarti. Potresti beccarti cinque anni per sfruttamento della pornografia infantile». La guerra contro lo sfruttamento pornografico dei minori marcia ormai a pieno regime, anche se una volta Wardell Pomeroy, il collega di Alfred Kinsey nelle sue ricerche sul sesso, mi ha assicurato che la pedofilia è solo una goccia nel mare delle statistiche, più o meno allo stesso livello della predilezione dei garzoni di fattoria nei confronti dei loro amici quadrupedi.

È sempre stato uno dei tratti distintivi della libertà americana il fatto di non obbligare nessuno (a differenza di quanto succede nei paesi sotto costante sorveglianza napoleonica) a portare un documento da mostrare a funzionari curiosi e poliziotti impiccioni. Ma ora, per colpa del terrorismo, ognuno di noi viene bloccato all'aeroporto e costretto a mostrare un documento d'identità con tanto di foto segnaletica (cosa che, come Allah sa, nessun terrorista si azzarderebbe mai a falsificare). A Chicago, dopo un'intervista con Studs Terkel, mi sono lamentato perché, non avendo la patente, dovevo andare in giro per il mio paese portandomi dietro il passaporto come un cittadino della vecchia Unione Sovietica. Terkel aveva lo stesso problema. «Ero in un aeroporto del Sud e mi hanno chiesto un documento d'identità. Gli ho detto che non avevo nulla tranne il giornale locale che aveva una mia foto enorme in prima pagina, e gliel'ho fatta vedere, ma mi hanno detto che non era un documento d'identità. Alla fine si sono stufati e mi hanno fatto salire sull'aereo».

L'arte delle molestie al cittadino è ancora allo stato embrionale. Ma nuovi apparecchi, ancora più costosi, stanno già arrivando sul mercato e, presto, anche nei vostri aeroporti. Tra questi c'è anche la macchina dei sogni di ogni studente assatanato. Il "Body Search" Contraband Detection System, creato dalla American Science & Engineering, è in grado di guardare ai raggi X attraverso i vestiti e mostrare il corpo in tutta la sua nudità; l'immagine può quindi essere ingrandita e proiettata su uno schermo per pruriginose analisi. L'orgoglioso produttore proclama che la foto è così nitida che persino l'ombelico, a meno di non essere stato imbottito di cocaina e coperto da un cerotto, strizza l'occhio ai guardoni. Secondo un rapporto dell'ACLU, il sistema ha anche la cosiddetta, "opzione zoom regolabile da joystick", che permette all'operatore di ingrandire interessanti porzioni di immagine. Nel frattempo la vittima, come fa notare con orgoglio la AS&E, rimane completamente vestita. Le richieste di acquisto del dispositivo devono essere indirizzate al reverendo Pat Roberson e verranno soddisfatte fino a esaurimento scorte, mentre l'orgoglioso neopossessore del "Body Search" sarà automaticamente inserito nel database dell'FBI alla voce "maniaci sessuali, classe B". Nel frattempo, nel febbraio 1997, la "Al" Gore Commission ha deciso l'acquisto di cinquantaquattro apparecchi chiamati CTX 5000 per la rilevamento di bombe high-tech. Il CTX 5000 è uno scanner per i bagagli che costa la sciocchezza di un milione di dollari e ne richiede solo centomila l'anno per la manutenzione e il funzionamento. Sfortunatamente, l'apparecchio esamina i bagagli al ritmo di duecentocinquanta

l'ora, quindi ce ne vorrebbero, diciamo, un migliaio
per proteggere i passeggeri dei maggiori aeroporti da
quei due presunti terroristi che potrebbero – o anche
no – colpire di nuovo nei dodici anni a venire come
hanno fatto nei dodici anni scorsi. Dato che il sistema
di controllo attuale sembra sufficiente, perché co-
stringere i passeggeri a ore di ritardo, per tacere dei
cinquantaquattro milioni di dollari spesi per l'appa-
recchiatura?

Al momento, esistono direttive un po' confuse che
permettono al personale delle linee aeree di identificare all'istante tutti coloro che corrispondono all'identikit del potenziale terrorista. Naturalmente, chiunque
abbia una carnagione vagamente olivastra e porti il fez
viene arrestato su due piedi. Per quei terroristi che invece non corrispondono all'identikit, alcune importanti agenzie governative hanno elaborato una serie di
indicazioni comportamentali che dovrebbero permet-
tere di smascherare rapidamente i malfattori. Innanzi
tutto, è probabile che un astuto trafficante di droga sia
la prima persona in assoluto a scendere dall'aereo, a
meno che non sia davvero molto astuto e non decida
di scendere per ultimo. Alcuni disinvolti assi del crimine in genere optano per collocarsi a metà. Giovani
fanciulle nubili e bionde vengono spesso utilizzate come inconsapevoli corrieri di esplosivi o stupefacenti,
affidati loro da sosia di Omar Sharif in sinistre casbah.
Al loro arrivo nella terra della libertà, vengono assali-
te da enormi cani addestrati a fiutare la droga. Sfortunatamente, i dispositivi canini hanno la deplorevole
tendenza a identificare come corrieri di droga le ragazze con le mestruazioni: il genere di "scherzetto"
che spesso fa sganasciare dalle risate l'intera dogana.
A quanto pare, un indizio comportamentale assolutamente certo è l'eccesso di nervosismo da parte di un
passeggero, ma anche in questo caso l'asso del crimi-

ne potrà talvolta sembrare un po' troppo a suo agio. Ad ogni modo, qualunque sia la folle regola pratica che viene applicata, un funzionario della dogana ha tutto il diritto di trattare chiunque come un criminale senza uno straccio di prova e di fermarlo e di perquisirlo, naturalmente senza debito mandato.

Le droghe. Se non esistessero, i nostri governanti le avrebbero inventate per poterle proibire e rendere così gran parte della popolazione passibile di essere arrestata, imprigionata, derubata della sua proprietà e così via. Nel 1970, scrivevo, tra tutti i posti sconvenienti, sul «New York Times»:

> Gran parte dei problemi di tossicodipendenza negli Stati Uniti possono essere risolti in breve tempo. Basta rendere disponibili tutte le droghe e venderle a prezzo di costo. Ogni droga va etichettata con una descrizione precisa degli effetti – buoni e cattivi – che avrà su chi l'assume. Questo provvedimento richiede un'onestà eroica. Non dite che la marijuana crea dipendenza o è pericolosa quando nessuna delle due cose è vera, come milioni di persone ben sanno, a differenza dello speed, che uccide in modo veramente sgradevole, o dell'eroina, che può dare dipendenza e dalla quale è difficile sganciarsi. Insieme alle esortazioni e agli avvertimenti, sarebbe bene che i nostri cittadini ricordassero (o imparassero) che gli Stati Uniti sono stati fondati da uomini che credevano che ognuno avesse il diritto di fare della propria vita ciò che voleva a patto di non interferire con la ricerca della felicità da parte del vicino (il fatto che l'idea di felicità del vicino possa coincidere con il perseguitare altri, in effetti, rende le cose un po' più confuse).

Sospetto che ciò che scrissi ventotto anni fa sia oggi altrettanto inaccettabile di allora, col problema aggiuntivo di certe signore permalose che mi accusano

di sciovinismo per aver posto il caso in termini esclusivamente maschili, come fecero quegli sciovinisti dei
fondatori.

Ho tenuto conto anche del fallimento del proibizionismo sull'alcool, dal 1919 al 1933. E dell'ondata di
crimine che il proibizionismo scatenò, così simile a
quella di oggi: «Sia il Bureau of Narcotics che la mafia
vogliono leggi dure contro il commercio e l'assunzione
di droga perché se le droghe fossero vendute a prezzo
di costo nessuno ci farebbe più i soldi. Il popolo americano è tanto devoto all'idea del peccato e della sua
punizione quanto lo è a quella di fare i soldi – e la lotta alla droga è un business di una portata quasi pari al
suo spaccio. Dato che la combinazione di peccato e
soldi è irresistibile (in particolar modo per il politico
professionista), la situazione potrà solo peggiorare». Se
non altro, credo, sono stato un buon profeta.

I media deplorano costantemente la cultura della
droga e, in vario modo, biasimano paesi stranieri come la Colombia perché obbediscono a quella stessa
ferrea legge della domanda e dell'offerta alla quale noi
abbiamo, come nozione e come nazione, giurato eter-
na fedeltà. Sguazziamo anche nelle metafore militari.
Gli zar guidano i nostri eserciti nelle guerre contro i
trafficanti e i tossicodipendenti. Lo stato di emergen-
za permanente è ormai così diffuso che non possiamo
più permetterci certi fronzoli come l'*habeas corpus* e il
giusto processo di legge. Nel 1989 William Bennett,
l'ex zar dell'antidroga e pagliaccio dei talk show televisivi, suggerì *de iure* e *de facto* l'abolizione dell'*habeas
corpus* nei casi di droga e (non me lo sto inventando)
la pubblica decapitazione degli spacciatori. Un anno
dopo, l'ayatollah Bennet ha dichiarato: «Per me la posizione degli antiproibizionisti non ha alcun valore. Il
punto è che il consumo di droga è sbagliato. E la questione morale, in principio e in fin dei conti, è quella

decisiva». Naturalmente, ciò che questo sinistro commediante trova morale sarebbe stato ritenuto pericoloso e assurdo tanto da James Madison quanto da George Mason[20], statista della Virginia e difensore della Costituzione. In particolar modo quando la sua moralità arriva ad abolire il dono che hanno fatto a tutti noi, i Dieci Emendamenti. Ma Bennet non è solo nella sua follia. Nel 1984 un assistente speciale del presidente in materia di tossicodipendenza ha dichiarato: «Non si può tollerare neanche una sola droga e dire: "Va bene, questa può andare". Abbiamo tracciato la linea di confine. Le droghe leggere non esistono». Ecco sistemato il Tylenol 3, che contiene codeina. Chi avrebbe mai pensato che analgesici vecchi di secoli avrebbero potuto, con tanta facilità, rimpiazzare la sola religione nazionale che gli Stati Uniti abbiano mai veramente avuto, l'anticomunismo?

Il 10 giugno del 1998, alcune coraggiose voci eretiche si levarono dalle pagine interne del «New York Times», sotto il titolo *Big Names Sign Letter Criticizing War on Drugs*. Un miliardario di nome George Soros aveva raccolto le firme di centinaia di persone importanti in calce a una lettera in cui si diceva che la guerra globale alla droga stava facendo più danni della droga stessa. A quanto pare, il Lindesmith Center di New York, fondato da Soros, aveva acquistato una serie di spazi pubblicitari sul «Times», attirando così l'attenzione di uno dei redattori. Tra i firmatari c'erano un ex segretario di Stato e un paio di ex senatori, ma anche se la pubblicità era stata pensata per coincidere con una seduta speciale delle Nazioni Unite sulle Sostanze Sataniche, non riuscì a scalfire un certo generale Barry Mc Caffrey, regista della guerra alla droga per il presidente Clinton, che accusava la lettera di avere «una prospettiva da anni Cinquanta», qualsiasi cosa questo significhi. Dopo tutto, il consumo di droga negli anni Cinquanta era inferiore a quello di oggi, dopo quarant'anni di guerra senza quartiere. Curiosamente, l'articolo del «New York Times» faceva sembrare i firmatari un pugno di eccentrici, mentre in Inghilterra il «Guardian» di Manchester scriveva che «tra i firmatari internazionali ci sono l'ex primo ministro dei Paesi Bassi [...] gli ex presidenti di Bolivia e Colombia [...] tre giudici federali americani [...] alti funzionari, già membri delle squadre antidroga [...].». Ma il «Times» sa sempre cos'è il caso di stampare.

È curioso – per usare il più moscio degli aggettivi – che un governo così intrinsecamente tirannico e insensibile come il nostro sia giunto, negli anni, a preoccuparsi tanto della nostra salute da sottoporre a test infiniti i farmaci liberamente in commercio negli altri paesi mentre provvede ad arrestare coloro che assumono droghe "pesanti" col paterno pretesto che sono nocive per la salute del consumatore. Tanta preoccupazione ci commuove; e ci fa diffidare. Dopo tutto, questi caritatevoli difensori del nostro benessere sono gli stessi che, anno dopo anno, hanno recisamente rifiutato di concederci ciò che qualsiasi altro paese del Primo Mondo dà semplicemente per scontato: un servizio sanitario nazionale.

Quando il signore e la signora Clinton sono arrivati a Washington, freschi come l'erba delle colline dell'Arkansas e tutti rosei e splendenti per avere agilmente risalito le rapide di Whitewater, hanno cercato di dare al popolo americano la sanità pubblica: una piccola, simbolica ricompensa per tutte le tasse spese per "difenderci" da un nemico che si era malignamente ritirato mentre gli voltavamo le spalle. Al primo accenno che era ormai tempo di entrare a far parte del mondo civile, iniziò un vasto complotto per bloccare ogni forma di sanità pubblica. Non fu certo solo "la destra", come suggerì la signora Clinton. Più che altro, le compagnie di assicurazioni e le industrie farmaceutiche si allearono con alcuni elementi dell'American Medical Association per distruggere definitivamente l'idea che l'America possa concedere alcunché ai suoi cittadini in materia di sanità.

Uno dei problemi di una società strettamente controllata come la nostra è che sappiamo pochissimo di che cosa pensano o sentono davvero tutti quei nostri concittadini che non conosceremo o vedremo mai. Questo può sembrare un paradosso, se si considera che oggi la politica si rivolge ai sondaggi su ogni argomento concepibile da mente umana. Ma, come gli uomini politici e gli esperti di sondaggi ben sanno, è il modo in cui viene posta la domanda che determina la risposta. Inoltre, ci sono vaste zone (come l'America rurale) che rappresentano una sorta di ultima Thule inesplorata per tutti i grandi proprietari che possiedono le grandi società che possiedono i media che spendono miliardi di dollari per fare i sondaggi per poter eleggere i loro avvocati ai posti di potere ecc.

Ruby Ridge. Waco. Oklahoma City. Tre segnali d'allarme dal cuore del paese, di cui la maggior parte di noi abitanti delle città sa poco o nulla. La causa della rabbia dell'America rurale? Nel 1996 ci sono state 1471 fusioni tra le aziende americane nell'interesse del "processo di concentrazione". È stato il più alto numero di fusioni nella storia americana e il picco di una tendenza che aveva cominciato a crescere nel settore dell'agricoltura già dalla fine degli anni Settanta. Una cosa in comune tra le vittime di Ruby Ridge e Waco – e Timothy McVeigh, che forse a Oklahoma City ha commesso un massacro in loro nome – era la convinzione che il governo degli Stati Uniti fosse l'implacabile nemico e che ci si potesse salvare soltanto nascondendosi nella natura selvaggia o entrando in una comune incentrata su una figura messianica o, in segno di vendetta per l'assassinio a sangue freddo da parte di agenti federali di due membri della famiglia Weaver a Ruby Ridge, facendo saltare in aria l'edificio che conteneva l'ufficio responsabile dell'assassinio.

Bisogna dare atto ai media di essere con noi di una rara generosità, per quanto riguarda le convinzioni politiche e religiose dei dissidenti rurali. Ci sono le Aryan Nations, di tendenze neonaziste. Ci sono i fondamentalisti cristiani riuniti nella Christian Identity, nota anche come British Israelism. Tutte queste idiozie di ispirazione biblica hanno piantato radici profonde in coloro che, nel corso della generazione passata, sono stati spossessati della loro terra. Inutile dire che i demagoghi cristiani alimentano il fuoco del razzismo, del settarismo e dell'odio in televisione e versano illegalmente i fondi delle loro chiese nelle campagne politiche.

Le teorie del complotto oggi sbocciano come forme di demenza precoce a fioritura notturna, e coloro che ne sono schiavi, vengono invariabilmente sbeffeggiati... dai veri cospiratori. Joel Dyer, in *Harvest of Rage: Why Oklahoma City Is Only the Beginning*, ha scoperto alcuni complotti molto concreti, ma i cospiratori sono bravissimi a sviare i sospetti. E a indirizzarli sulla droga. Lo sapevate che la regina Elisabetta II è il capo supremo del narcotraffico mondiale? (Se solo la povera Bettina avesse avuto la lungimiranza, in questi tempi repubblicani!). Ci dicono che la Commissione Trilaterale[21] è un complotto comunista internazionale con a capo la famiglia Rockefeller. In realtà, la commissione è un ottimo e rapido sistema per mostrare come i Rockefeller riuniscono politici e professori universitari in cerca di successo per servire gli interessi dei loro affari dentro e fuori del governo. Chiunque abbia indotto un uomo come Lyndon LaRouche[22] a dire che questa Cosa Nostra targata Rockefeller in realtà è un fronte comunista ha avuto un lampo di genio.

Ma Dyer ha smascherato un vero complotto, che ha ripercussioni su tutti i cittadini degli Stati Uniti. In questo momento, un pugno di società finanziarie agricole sta cercando di scacciare dalla loro terra i pochi piccoli proprietari terrieri rimasti in America, pagando i loro prodotti meno di quanto non costi produrli. Questo li costringe a chiedere prestiti alle banche delle finanziarie agricole, ad accollarsi mutui, a subire pignoramenti e a vendere la terra alle imprese agricole controllate dalle grandi società. Ma si tratta veramente di un complotto o solo dei meccanismi darwiniani di un mercato che funziona? Per una volta c'è un colpevole: un meccanismo che descrive il modo migliore per liberare il paese dai piccoli proprietari terrieri.

Dyer scrive: «Nel 1962, il Committee for Economic Development comprendeva circa settantacinque tra i dirigenti delle società più potenti del Paese. Rappresentavano non solo l'industria alimentare ma anche il settore petrolchimico, le assicurazioni, la finanza e la grande distribuzione. Quasi tutti i gruppi che traevano vantaggio dai processi di acquisizione e fusione erano rappresentati nel comitato. Il loro rapporto [*An Adaptive Program for Agriculture*] tracciava un piano per eliminare la piccola proprietà terriera. Era approfondito e molto ben congegnato». Contemporaneamente, «già nel 1964, i membri del Congresso si sentivano ripetere da giganti dell'industria come Pillsbury, Swift, General Foods e Campbell Soup che il problema più grande dell'agricoltura era che c'erano troppi piccoli proprietari terrieri». Con fine intuito psicologico, i dirigenti avevano notato che i figli dei piccoli proprietari terrieri, quando si iscrivono all'università, raramente ritornano alla fattoria di famiglia. O, come un famoso economista disse a un famoso senatore che si lamentava del jet lag su un volo di ritorno da New York a Londra: «Sempre meglio che zappare la terra». Il comitato convinse il governo a mandare i figli degli agricoltori all'università. Come era prevedibile, la maggior parte di loro non fece ritorno. Il governo si offrì allora di aiutare i piccoli proprietari terrieri a riqualificarsi per altri tipi di lavori, in modo che la loro terra potesse essere acquistata da concentrazioni sempre più vaste in mano a un numero sempre più esiguo di grandi società.

Così era stato avviato un complotto per sostituire l'ideale jeffersoniano di una nazione la cui spina dorsale era la piccola proprietà terriera indipendente a conduzione familiare con una serie di monopoli agroindustriali dove, scrive Dyer, «alcuni gruppi multinazionali, tra cinque e otto, sono stati in sostanza i soli acquirenti e trasportatori della produzione di cereali non solo degli Stati Uniti ma del mondo intero». Nel 1982, «le stesse società controllavano il 96 per cento delle esportazioni statunitensi di frumento e il 95 per cento di quelle di granoturco» e così via, attraverso le corsie traboccanti della catena chic di supermercati Gristedes, o della modesta Ralph's, o anche della simpatica Piggly Wigglys.

Il processo di concentrazione delle imprese è stato una cosa buona per i consumatori? Sostanzialmente no. I monopoli non lasciano spazio alle buone occasioni e non devono preoccuparsi troppo della qualità perché non abbiamo alternative a ciò che ci offrono. Inutile dire che sono ostili ai sindacati e indifferenti alle condizioni di lavoro degli ex proprietari terrieri, ridotti a dipendenti sottopagati. Quelli tra noi che sono cresciuti negli Stati Uniti d'anteguerra ricordano il vecchio e genuino sandwich col prosciutto. Dal processo di concentrazione in poi, il prosciutto si è talmente gommificato che non sa più di niente e ha la consistenza rosea della plastica. Come mai? Perché nei grandi allevamenti il maiale rimane fermo, in piedi, per tutta la vita. Dato che non razzola né grufola – e neanche si muove – non sviluppa difese naturali contro le malattie. Il che vuol dire che il prigioniero viene imbottito di antibiotici finché non muore e si reincarna in un prosciutto immangiabile.

Sostanzialmente, la legge Sherman sull'antitrust è bella che andata. Oggi tre compagnie controllano l'80 per cento del mercato del manzo in scatola. Come è possibile? Perché i piccoli proprietari spossessati non hanno al Congresso nessun rappresentante cui rivolgersi? Perché i consumatori sono costretti a pagare prezzi folli per prodotti che in sé sono inferiori a quelli di una volta? La risposta di Dyer è semplice ma convincente. Attraverso i loro lobbisti, i dirigenti dei grandi gruppi che hanno stilato l'*Adaptive Program for Agriculture* tengono in pugno, prendono in affitto o semplicemente ricattano Congressi e presidenti, mentre i tribunali sono controllati dai loro ex lobbisti (una riserva infinita di schiavi dal colletto bianco, dato che i due terzi degli avvocati del nostro piccolo pianeta sono americani). E per concludere, il popolo in genere non è rappresentato nel governo mentre i grandi gruppi industriali lo sono, in abbondanza.

Che cosa bisogna fare? Secondo Dyer, una sola misura funzionerà: la riforma finanziaria elettorale. Ma coloro che traggono vantaggio dal sistema attuale non promuoveranno mai leggi che tolgano loro il potere. E così, città e villaggi continuano ad andare in rovina tra il confine col Canada e quello col Messico, e la popolazione rurale spossessata si infuria o si dispera. Di qui il tono apocalittico di molti testi recenti, e laici, di analisi giornalistica che attualmente riportano, tra la suggestione e l'orrore, l'alienazione progressiva dei gruppi sociali degli Stati Uniti.

Dato che l'*Enciclopedia britannica* è britannica e
non americana, non sorprende che la voce *Bill of Rights, United States* non occupi in lunghezza più di una
colonna, proprio come la sua vicina di pagina *Bill of
Sale*, chiaramente un documento di maggiore importanza per i compilatori isolani. In ogni caso ci dicono
che le radici dei nostri emendamenti risalgono alla
Magna Charta e che la genesi del Bill of Rights, aggiunto nella forma di Dieci Emendamenti alla nostra
Costituzione nel 1791, fu largamente opera di James
Madison, che a sua volta riprese la Dichiarazione dei
Diritti proclamata in Virginia nel 1776. All'inizio, i
Dieci Emendamenti erano applicabili ai cittadini americani solo in quanto cittadini degli Stati Uniti nel loro
complesso e non come abitanti della Virginia o dello
stato di New York, dove le leggi statali potevano avere la precedenza a seconda dei diritti stabiliti dagli
Stati, come veniva riconosciuto dal decimo e ultimo
degli emendamenti originali. Fu solo nel 1868 che il
Quattordicesimo Emendamento proibì agli stati di varare leggi contrarie al testo originale. Ogni cittadino
degli Stati Uniti si vedeva così riconoscere all'interno
del proprio stato la libertà «di parola e di stampa, e il
diritto di riunirsi in forma pacifica e di inoltrare petizioni al governo per la riparazione dei torti subiti e per
la libertà di culto». A quanto pare, fu Charlton Heston che portò il Secondo Emendamento, insieme alle pistole e ai mitragliatori Uzi per bambini, giù dal
monte DeMille[23]. In origine, il diritto di portare armi
per le milizie cittadine era stato concepito per scoraggiare la costituzione di un esercito federale o statale
permanente e per scongiurare tutte le disgrazie che
uno stato armato avrebbe portato a un popolo che
non voleva vivere all'ombra di un fucile ma in pace
sulla propria terra, in cima a un Ruby Ridge silvestre.

Oggi come oggi, il Quarto Emendamento si sta disintegrando a causa della «necessità militare» – il linguaggio costituzionale usato da Lincoln per scatenare la guerra civile, sospendere l'*habeas corpus*, chiudere i giornali e liberare gli schiavi del Sud. Il Quarto Emendamento garantisce che «il diritto dei cittadini a godere della sicurezza per quanto riguarda la propria persona, la propria casa, le proprie carte e le proprie cose contro perquisizioni e sequestri ingiustificati non potrà essere violato; e nessun mandato giudiziario potrà essere emesso, se non in base a fondate supposizioni appoggiate da un giuramento o da una dichiarazione sull'onore e con descrizione specifica del luogo da perquisire, oltre che delle persone da arrestare o delle cose da sequestrare». Il Quarto Emendamento è la principale difesa del popolo contro il totalitarismo; una difesa che viene qui infranta, sia dalle leggi sia dai fatti.

Nel suo libro *Lost Rights* del 1994, James Bovard ha raccolto una grande quantità di materiale su quanto stanno facendo i tutori delle nostre leggi. Mentre infuria una guerra che non verrà mai vinta contro le droghe e il terrorismo, costoro combattono la loro lotta quotidiana contro i cittadini americani: nelle case, dentro le automobili, sugli autobus, sugli aerei e in qualunque luogo riescano a mettergli le mani addosso, per amore o per forza, di riffa o di raffa. La necessità militare è un concetto un po' troppo elevato perché gli ufficiali di polizia, locali o federali, possano ricorrervi per giustificare il fatto di sfondare porte a mezzanotte, in genere senza preavviso e senza mandato, col solo risultato di terrorizzare gli sfortunati residenti. Questi assalti e sequestri vengono spesso motivati dalla possibile esistenza di un WC nei luoghi incriminati. (Se i guerrieri della lotta alla droga non prendono i satanassi della droga assolutamente di sorpresa, i satanassi in questione faranno sparire le prove giù nel

WC). Tutto ciò è intollerabile per chi brama di mante-
nerci liberi dal peccato e obbedienti. Così, nel nome
della povera invenzione di Sir Thomas Crapper[24], so-
spendono il Quarto Emendamento e trionfano.

1992. Bridgeport, Connecticut. L'«Hartford Courant» scrive che il Tactical Narcotics Team di zona de-
vasta regolarmente le case e gli uffici che "ispeziona".
Poliziotti in borghese irrompono presso un negozian-
te di frutta e verdura, nonché proprietario di un ristoran-
te giamaicano, all'allegro grido di «Mani in alto, negri!
Non muovetevi». Gli scaffali vengono ripuliti, la merce
rovinata. «Non si sono mai qualificati come poliziotti»,
precisa il «Courant». Anche se non trovano nulla tranne una pistola registrata, arrestano il proprietario e lo
accusano di «aver interferito con l'arresto», e per questo lo fermano. In seguito un giudice avrebbe solleva-
to eccezione di inammissibilità. Bovard continua: «Nel
1991, a Garland nel Texas, dei poliziotti vestiti di nero
con occhiali da sci scuri hanno fatto irruzione in una
roulotte, agitando le pistole in aria e buttando giù a cal-
ci la porta della camera da letto dove Kenneth Baulch
dormiva insieme al figlio di diciassette mesi. Un poliziotto dichiarò che Baulch lo aveva messo in pericolo di
vita perché teneva un posacenere nella mano sinistra,
ragion per cui gli aveva sparato un colpo alla schiena e
lo aveva ucciso. (Un'indagine interna della polizia con-
cluse che il poliziotto non aveva commesso alcun torto). Nel 1992 una squadra SWAT della polizia ha ucciso
Robin Pratt, una madre di famiglia di Everett, nello stato di Washington, durante un'irruzione improvvisa in
esecuzione di un mandato d'arresto a carico del marito.
(Il marito venne in seguito rilasciato dopo che le accuse circostanziali su cui si basava il mandato d'arresto si
rivelarono false). Incidentalmente, questa tattica da
KGB – arrestare qualcuno per un reato, poi rilasciarlo se

fa il nome di qualcun altro per un reato più importante, conosciuta anche come giustizia alla Kenneth Starr – spesso porta ad accuse false, sparate a casaccio, che non dovrebbero indurre immediatamente ad azioni omicide di tale portata senza aver fatto prima un po' di indagini. Il «Seattle Times» descrive gli ultimi momenti di Robin Pratt. Era in casa con la figlia di sei anni e la nipote di cinque quando irruppe la polizia. Mentre il più coraggioso degli assaltatori, un certo Aston, le si avvicinava con la pistola in pugno, l'altro poliziotto urlò: "In ginocchio!" e Robin si buttò giù. Alzò gli occhi verso Aston e disse: "Vi prego, non fate del male ai miei bambini...". Aston le teneva la pistola puntata contro e fece fuoco, sparandole al collo. Secondo [l'avvocato della famiglia Pratt, John] Muenster, Robin rimase in vita ancora un minuto o due ma non poteva parlare perché la pallottola le aveva squarciato la gola. Venne ammanettata e stesa faccia in giù». Senza dubbio Aston temeva una risurrezione divina; e la vendetta. Non è un segreto che i poliziotti americani raramente rispettano le leggi quando escono a far baldoria insieme e, come ogni giudice di processi penali che sia sincero vi confermerà, in tribunale la falsa testimonianza è spesso la loro lingua madre.

Ultimamente, l'IRS[25] è stato tenuto sotto osservazione per violazione non solo del Quarto ma anche del Quinto Emendamento. Il Quinto Emendamento richiede l'atto formale di accusa di un gran giurì per i reati che comportano la pena capitale. Prescrive inoltre che nessuno possa essere costretto a deporre contro sé stesso e proibisce la privazione della vita, della libertà o della proprietà se non in seguito a giusto processo di legge. Stabilisce infine che nessuna proprietà potrà essere destinata ad un uso pubblico senza un equo indennizzo.

Nel corso degli anni, tuttavia, il sempre misterioso IRS si è impossessato di proprietà a destra e a sinistra senza mandare nemmeno una cartolina al gran giurì più vicino, mentre di giusto processo di legge non c'è neanche l'ombra, nella loro inflessibile caccia al bottino. Scrive Bovard:

> Dal 1980 in poi, il numero di sequestri bancari – il blocco di conti e assegni – è aumentato di quattro volte, raggiungendo i 3.253.000 nel 1992. Nel 1990, il General Accounting Office (GAO) ha calcolato che l'IRS fa cadere ogni anno più di cinquantamila azioni esecutive illegittime o immotivate sulla testa di cittadini e imprese. Secondo le stime del GAO, quasi il 6 per cento dei sequestri bancari imposti dall'IRS alle imprese sarebbe illegittimo. [...] L'IRS impone quasi un milione e mezzo di ipoteche all'anno, un aumento del 200 per cento dal 1980. Nel 1990, la rivista «Money» ha realizzato uno studio su centocinquantasei contribuenti cui l'IRS aveva imposto un'ipoteca sulla proprietà e ha scoperto che il 35 per cento non aveva mai ricevuto dall'IRS il necessario preavviso di trentacinque giorni. Alcuni avevano appreso dell'ipoteca soltanto quando la rivista li aveva contattati.

L'attuale Corte Suprema si è mostrata ben poco interessata a ridimensionare l'IRS – un'agenzia tanto potente quanto clandestina nei metodi – nelle sue sistematiche violazioni del Quarto, del Quinto e del Quattordicesimo Emendamento. È scontato dire che questa Corte è essenzialmente autoritaria e che si crogiola compiaciuta nell'esercizio del potere statale; i suoi membri più vivaci fanno mostra di grande acutezza quando si tratta di utilizzare le tavolette Ouija per capire esattamente cosa i padri fondatori avessero in mente. In realtà, a rimetterci sono proprio i principi che Mason, Madison e compagni avevano espresso con più chiarezza, come ad esempio il fatto che non si può arraffare la proprietà altrui senza prima presentarsi a un gran giurì che dichiari il proprietario colpevole di un reato previsto dalla legge. In materia, il sacro intento originale è talmente chiaro che la Corte, per il suo diletto, preferisce gettare lo sguardo altrove. A volte qualche voce solitaria si erge dal Congresso. Nel 1993, il Senatore David Pryor pensò che sarebbe stato carino da parte dell'IRS avvisare le agenzie di credito una volta ottenuta la prova di avere erroneamente ipotecato la proprietà di un contribuente distruggendo il suo credito futuro. L'IRS cominciò a piagnucolare. Una richiesta così pesante avrebbe causato un enorme sovraccarico di lavoro per i suoi esausti dipendenti.

Dato che le leggi degli Stati Uniti in materia di regolamentazione fiscale ammontano a un totale di novemila pagine, pagina più pagina meno, anche gli esperti tendono a fare pasticci. Un qualsiasi commissario Javert dell'IRS riesce così a trovare errata virtualmente ogni conclusione su quanto deve al fisco la famiglia X. Ma alla fine, la colpa non è tanto di un fisco carogna quanto dell'intero sistema fiscale voluto da alcuni membri chiave del Congresso per esentare i loro amici e donatori dal pagare le tasse. E senza dubbio, lo stesso IRS ha motivi per lamentarsi con il Congresso, in teoria il suo padrone. Nel 1989 Robert LeBaube, direttore dei servizi al contribuente dell'IRS, ha dichiarato: «Dal 1976, centotrentotto nuove leggi hanno modificato l'Internal Revenue Code. Dal Tax Reform Act del 1986 ci sono state altre tredici leggi che hanno modificato il codice, e nel solo 1988 ce ne sono state otto». Come Bovard rileva ma non spiega, «il diritto tributario è semplicemente la più recente interpretazione creativa da parte dei funzionari del governo del pantano di leggi sul fisco emanate dal Congresso. I funzionari dell'IRS possono metterci cinque anni, sette o anche di più per scrivere i regolamenti che rendono effettivamente operante una riforma tributaria, eppure la routine vuole che il Congresso cambi la legge prima ancora che i nuovi regolamenti siano stati promulgati. Quasi tutto il diritto tributario ha carattere provvisorio: o sta per essere rivisto secondo la nuova riforma fiscale appena approvata, oppure sarà modificato nella prossima già proposta».

Qual è il senso di tutta questa confusione, di questo continuo darsi da fare? Il fatto è che i grandi gruppi industriali fanno eleggere i loro avvocati al Congresso perché creino leggi speciali che esentino i loro profitti da imposizioni fiscali inopportune. Tutto questo tramite riforme tributarie sempre più complesse – addirittura impenetrabili – che devono sempre essere provvisorie, perché ci sarà sempre una nuova corporation che richiederà un provvedimento speciale di esenzione fiscale nella forma di un progetto di legge locale appiccicato all'Arbor Day Tribute[26]. I senatori che fanno risparmiare alle corporation i milioni che dovrebbero pagare al fisco non dovranno poi passare troppo tempo al telefono a elemosinare contributi finanziari quando sarà l'ora, per lui – o, ebbene sì, per lei – di presentarsi di nuovo alle elezioni. A meno che – il sogno irrealizzabile – il costo delle elezioni non venga ridotto del 90 per cento, abbreviando le campagne elettorali a non più di otto settimane. Ma finché le TV nazionali non saranno obbligate a ospitare gratuitamente i candidati nazionali e le TV locali i candidati locali (come accade in tutti i paesi civili) non avremo mai una vera riforma fiscale. Intanto, le talpe dell'IRS, del tutto inconsapevoli della grande, intoccabile corruzione dei loro padroni al Congresso, perseguitano cittadini inermi e così facendo contribuiscono ad avvilire ancora di più lo Stato.

È incredibilmente pertinente che la parola "terrorista" (secondo l'*Oxford English Dictionary*) sia stata coniata durante la Rivoluzione francese per descrivere «un seguace o sostenitore dei giacobini, che difendeva e praticava metodi di repressione settaria e spargimento di sangue per la propagazione dei principi di democrazia e eguaglianza». Anche se i nostri governanti hanno fatto tornare in auge il termine per definire i sanguinari nemici degli Stati Uniti, la maggior parte dei terroristi di oggi si può incontrare all'interno dei nostri stessi governi, federali, statali e municipali. Il Bureau of Alcohol, Tabacco, and Firearms (noto come ATF), la Drug Enforcement Agency, l'FBI, l'IRS eccetera sono altrettanti giacobini che muovono guerra alla vita, alla libertà e alla proprietà dei nostri cittadini. Il massacro degli innocenti di Waco da parte dell'FBI è stata un'impresa giacobina con tutti i crismi. David Koresh, un leader religioso moderatamente folle, aveva fondato una comune con svariate centinaia di seguaci, uomini, donne e bambini. Koresh predicava la fine del mondo. Per motivi diversi, l'ATF e l'FBI trovarono in lui il nemico ideale da combattere. Fu accusato senza prove di moltissimi reati, tra i quali il culto del decennio, la pedofilia, e non gli fu mai concesso il beneficio di un processo equo per stabilire se fosse colpevole o innocente. David Kopel e Paul H. Blackman hanno scritto il miglior saggio, il più dettagliato, sulla guerra che il governo americano sta attualmente combattendo contro la sua sventurata cittadinanza in *No More Wacos: What's Wrong With Federal Law Enforcement and How to Fix It*.

Kopel e Blackman descrivono, in primo luogo, le angherie alle quali Koresh e la sua setta religiosa, i Branch Davidians, che si impicciavano degli affari del Signore nella loro comune, sono stati sottoposti; poi passano al modo in cui i media hanno demonizzato la figura di Koresh; infine raccontano l'attacco alla comune. Il 28 febbraio del 1993, settantasei agenti assaltarono gli edifici occupati con dentro centoventisette persone tra uomini, donne e bambini. Quattro agenti dell'ATF e sei davidiani morirono. Koresh era stato accusato di possesso illegale di armi da fuoco nonostante avesse preventivamente invitato gli agenti del governo a entrare nella comune per controllare le armi e le relative matricole. Grazie al Freedom of Information Act, Kopel e Blackman hanno scoperto che, sin dall'inizio di quello che sarebbe diventato un assedio e poi un "ingresso dinamico" (in gergo militare, carneficina e massacro puri e semplici), l'ATF aveva spedito in segreto i suoi agenti presso l'esercito degli Stati Uniti a prendere lezioni sulle tecniche avanzate di attacco terroristico. Tutto questo nonostante la Posse Comitatus Law del 1878 proibisca l'uso di truppe federali per far rispettare le leggi di diritto privato. Come molte altre nostre leggi, tuttavia, anche questa può essere sospesa nell'interesse della guerra alla droga se l'esercito deve agire su richiesta della Drug Law Enforcement Agency per combattere il peccato. Koresh venne dunque segretamente accusato dall'ATF di produrre metanfetamina che avrebbe importato dal vicino Messico, trecento miglia più a sud. SOS! L'esercito deve darci una mano. E lo fece, anche se le accuse contro Koresh, che detestava la droga, erano false. La distruzione dei davidiani aveva ormai cessato di essere un affare di diritto privato regolato dalla Costituzione: era diventato una faccenda di grave necessità militare. Di qui un attacco col gas CS (riguardo al quale gli Stati Uniti avevano appena firmato un trattato in cui giuravano che non ne avrebbero mai fatto uso in guerra) il 19 aprile del 1993, seguito dall'impiego di carri armati per aprire a forza dei varchi negli edifici mettendo in pericolo di vita ventisette bambini; e poi uno spettacolare fuoco di fila per abbattere la comune e, al contempo, il mai legalmente accusato e processato David Koresh. Il Procuratore Generale Janet Reno si prese il credito e il "biasimo", e paragonò se stessa e il presidente a due generali della seconda guerra mondiale che non potevano prendersi la briga di star sempre lì a sorvegliare ogni dettaglio... il tipo di affermazione che i veterani della seconda guerra mondiale classificano come "pararsi il culo".

Sia come sia, la signora Reno si è fatta carico del più grande massacro di cittadini americani da parte di federali americani dai fuochi d'artificio di Wounded Knee del 1890. A Waco morirono ottantadue davidiani, tra cui trenta donne e venticinque bambini. Saranno mai sconfitti i nostri giacobini, come accadde ai francesi? Ah... L'eliminazione deliberata di elementi dei Dieci Emendamenti (*de iure*, e non *de facto*, come accade invece quando la polizia decide di dare di matto, violando leggi e rompendo teste) risulta anche dalle folli decisioni dei tribunali inferiori che la Corte Suprema sceglie di non conformare al Bill of Rights. È ampiamente noto che la Drug Enforcement Agency e l'IRS sono ladri incalliti di proprietà privata senza regolare procedimento di legge o risarcimento o indennizzo per chi è stato derubato dallo Stato senza aver commesso alcun reato. Allo stato attuale, secondo Kopel e Blackman, le leggi degli Stati Uniti e alcune leggi dei singoli stati operano così: quando un agente di polizia ottiene il permesso, con o senza l'autorizzazione del giudice, di fare indagini su un possibile reato, può sequestrare e detenere tutti i beni del presunto criminale che gli sembri opportuno sequestrare o detenere. Anche se per la confisca si richiede che l'oggetto in questione serva per commettere un reato, non è precisato che il proprietario debba essere stato dichiarato colpevole. È irrilevante che venga prosciolto del crimine in relazione al quale è stato effettuato il sequestro, o che non sia mai stato accusato di nulla. Era, chiaramente, il giudice Kafka a presiedere il processo del 1987, per la causa *Stati Uniti contro Sandini*, in cui la formula perversa che autorizza il furto da parte della polizia divenne legge: «L'innocenza del proprietario è irrilevante», proclamò la corte. «È sufficiente che il bene in questione sia stato utilizzato per commettere un reato che prevede la confisca». Quindi, qualcuno che non ha commesso alcun reato potrà, un giorno, trovarsi in condizioni di non rientrare più in possesso dei suoi beni. La sentenza, infatti, aggiunge con molta fermezza che «l'onere della prova spetta alla parte in causa che rivendica la proprietà».

Questo tipo di situazione è particolarmente eccitante per i bau-bau della polizia, perché, secondo l'ex procuratore generale Richard Thornburgh, su più del 90 per cento della valuta americana in circolazione sono presenti residui di droga; il che significa che chiunque abbia in tasca, diciamo, mille dollari in contanti può essere accusato di riciclaggio di denaro sporco, che deve essere sequestrato e portato via per essere sottoposto ad analisi e, in un modo o nell'altro, mai restituito al proprietario, se l'astuto agente di polizia conosce la sentenza Sandini.

In tutto il paese, gli atleti delle squadre liceali vengono selezionati per l'antidoping mentre nelle classi si fanno analisi a campione. L'8 marzo del 1991, secondo Bovard, alla Sandburg High School di Chicago due insegnanti (non ne conosciamo il sesso: gli appassionati di pornografia mentale possono aggiungere dettagli a piacere) notarono un ragazzo di sedici anni in tuta. Con occhi vigili e scintillanti gli ispezionarono l'inguine, dato che a loro giudizio «sembrava "troppo ben dotato"». Il ragazzo fu portato in uno spogliatoio e denudato. Non trovarono traccia di droga, ma solo una sacca scrotale fuori della norma. Venne lasciato andare, dato che non c'è ancora una legge che punisca un adolescente per essere messo meglio dei suoi insegnanti. Il ragazzo e la sua famiglia fecero causa. Il giudice non si mostrò comprensivo. Gli insegnanti, sentenziò, «fecero tutto il possibile perché la privacy del ricorrente non venisse violata». Il giudice Kafka non dorme mai.

Anche se le droghe sono immorali e vanno tenute fuori dalla portata dei bambini, migliaia di scuole fanno pressione sui genitori per poter somministrare il Ritalin ai bambini vivaci che, come è giusto che sia, disturbano in classe. Il Ritalin è un farmaco capace di rendere un bambino docile, quasi comatoso. Effetti collaterali? «Ritardo della crescita, tic facciali, stati di agitazione, aggressività, insonnia, perdita dell'appetito, mal di testa, mal di stomaco e convulsioni». La marijuana farebbe molto meno male.

L'attentato all'Alfred P. Murrah Federal Building a Oklahoma City non fu molto diverso da Pearl Harbor, un grande shock per un'intera nazione e, si spera, una sorta di avvertimento per il popolo americano che qui da noi non va tutto bene. Come al solito, i media risposero nel solo modo che conoscono. Dal giorno alla notte, un certo Timothy McVeigh divenne l'incarnazione del male. Della più immotivata malvagità. Vi furono le solite speculazioni sui complici. Campagnoli sempliciotti. Ma di un solo altro maniaco venne fuori nome e cognome, Terry Nichols: venne dichiarato colpevole di aver «cospirato» con McVeigh, ma non aveva preso personalmente parte al massacro.

Un giornalista, Richard A. Serrano, ha appena pubblicato *One of Ours: Timothy McVeigh and the Oklahoma City Bombing*. Come tutti, temo, non ne potevo più dell'argomento. Nulla poteva giustificare l'omicidio di quei centosessantotto tra uomini, donne e bambini, nessuno dei quali aveva, per quanto ne sappiamo, niente a che vedere con il massacro federale a

Waco, la ragione apparente della furia di McVeigh. Perché, allora, scrivere un libro del genere? Serrano ha scarsa simpatia per McVeigh, ma riesce a renderlo credibile in un libro sinistramente affascinante.

Nato nel 1968, McVeigh veniva da una famiglia rurale che era stata, più o meno, privata delle sue terre una generazione prima. Il padre, Bill, era stato nell'esercito, la madre lavorava. Vivevano a Pendleton, una città operaia, nella parte occidentale dello stato di New York. Bill coltiva il suo orticello; lavora nello stabilimento GM di zona; appartiene alla Chiesa Cattolica Romana. Della sua zona, dice: «Quando ero ragazzo io, qui intorno erano tutte fattorie; quando era ragazzo Tim, metà sì metà no».

Tim si rivela un ragazzo di una curiosità e intelligenza fuori del comune. Al liceo se la cava bene. È, come sottolinea il suo avvocato: «Un animale politico». Legge libri di storia, la Costituzione. Ha anche, da sempre, la passione delle armi da fuoco; una ragione per entrare nell'esercito. Nella guerra del Golfo di Bush è nella fanteria e si guadagna molte medaglie: è nato per fare il soldato. Ma è proprio la guerra ad aprirgli gli occhi, cosa che le guerre di solito fanno a coloro che le combattono. In seguito scrive a un giornalista: «Siamo stati fomentati e ingannati». La rituale demonizzazione mediatica di Saddam, degli arabi e degli iracheni era stata così pesante che quando McVeigh arrivò in Iraq si stupì di scoprire che «sono persone normali come lei e come me. Ci raccontavano un sacco di bugie perché li uccidessimo. Ci dicevano che dovevamo difendere il Kuwait, dove gli abitanti erano stati violentati e massacrati. La guerra mi ha aperto gli occhi».

Come al solito, c'erano leggi molto dure che proibivano ai soldati americani di fraternizzare col nemico. McVeigh scrive a un amico: «Ci sono ragazzini che muoiono di fame e a volte anche adulti che vengono a supplicarci per un po' di cibo... È molto faticoso dal punto di vista emotivo. È come avere un cucciolo di cane sotto il tavolo, ma molto peggio. Prima ce ne andiamo, meglio è. Adesso capisco come mai i ragazzi in Vietnam venivano uccisi dai bambini». Serrano aggiunge: «Alla fine della guerra, una guerra molto popolare, McVeigh aveva imparato che non gli piaceva uccidere gente innocente. Sputava nella sabbia, all'idea di essere costretto a fare del male ad altri che non 'o odiavano e che lui non odiava».

Alla fine della guerra le strade dell'esercito e di McVeigh si separarono. McVeigh fece una quantità di lavori saltuari. Si interessò alle teorie paranoiche dell'estrema destra e a quella che Joel Dyer chiama «la religione del complotto». Un compagno d'armi, Terry Nichols, gli faceva da mentore. Insieme si procurarono un libro intitolato *Privacy*, su come sparire dalla vista del governo, entrare in clandestinità, costruire armi. Altri avevano fatto lo stesso, tra cui la famiglia Weaver, che si era trasferita nella remota località di Ruby Ridge nell'Idaho. Randy Weaver era uno strano separatista bianco che apparteneva alla Christian Identity. Voleva vivere con la sua famiglia lontano dal resto dell'America. La sua era una sfida per l'FBI. Quando Weaver non si presentò in tribunale per rispondere di un'accusa di poco conto in materia di armi da fuoco, il 21 agosto del 1992 andarono a stanarlo. Quando il cane dei Weaver abbaiò, gli spararono; quando il figlio quattordicenne dei Weaver fece fuoco nella loro direzione, gli spararono alle spalle e lo uccisero. Quando la signora Weaver, con un bambino in braccio, comparve sulla porta, il cecchino dell'FBI Lon Horiuchi le fece saltare la testa. L'anno dopo i federali massacrarono i Branch Davidians.

Per Timothy McVeigh, l'ATF divenne il simbolo dell'oppressione e dell'omicidio. Dato che ormai soffriva di un senso di giustizia eccessivamente sviluppato, un tratto non molto comune in America, andò in guerra per conto suo e finì col massacrare più innocenti di quanto non avesse fatto l'FBI a Waco. E il fatto che l'Alfred P. Murrah Federal Building a Oklahoma City contenesse l'odiato *bureau* non significa forse che McVeigh sapeva che cosa stava facendo? L'imputato rimase in silenzio per tutto il processo. Alla fine, prima della sentenza, la corte gli chiese se volesse dire qualcosa. La risposta fu sì. Si alzò e disse: «Vorrei che le parole del giudice Brandeis, che dissentì sul caso Olmstead, parlassero per me. Il giudice scrisse: "Il governo è il nostro possente e onnipresente maestro. Nel bene e nel male, educa l'intero popolo con il suo esempio"». Poi McVeigh venne condannato a morte dal governo.

I presenti, alla citazione di McVeigh, si sentirono profondamente confusi. Come poteva il Demonio in persona citare un giudice così santo? Sospetto che lo abbia fatto con lo stesso spirito con cui Iago rispose a Otello quando questi gli chiese perché aveva fatto ciò che aveva fatto: «Non chiedermi nulla: ciò che sai, sai; d'ora in avanti non dirò più una parola». Adesso anche noi sappiamo; o, come diceva mio nonno ai suoi tempi in Oklahoma: «Ogni frittella ha due lati».

«Vanity Fair», novembre 1998

I nuovi teocrati

Il 18 giugno 1997 passerà alla storia come l'ennesimo giorno di infamia secondo il «Wall Street Journal», ovvero TWMIP, «the world's most important publication», come si autodefinisce, beatamente ignaro di quanto sconosciuto questo allegro quotidiano neofascista sia alla maggioranza degli americani, per tacere degli svariati miliardi di persone che vivono nelle tenebre dove i bagliori sulfurei del giornalino di Wall Street non sono che vapori acquitrinosi dalle più remote marche del folle impero. Il 18 giugno è il giorno in cui TWMIP ha acquistato uno spazio sul «New York Times», il giornale che stampa solo le notizie che rientrano nella sua non dissimile visione del mondo. Lo spazio serviva a ristampare un articolo di fondo di TWMIP intitolato *Modern Morality*, un tema che avrei pensato estraneo agli interessi di entrambi i giornali. Ma d'altro canto per gli americani la morale nulla ha a che vedere con l'etica o con la giustizia delle azioni o con chi sta sottraendo a chi i soldi e le libertà. La morale è SESSO. SESSO. SESSO.

L'attacco del pezzo è roba che scotta. «Nella stessa settimana in cui un generale dell'esercito con centoquarantasette missioni di combattimento in Vietnam [vi ricordate di quella che, per parecchie quotazioni del Dow Jones, fu in realtà la Buona Guerra?] vedeva porre fine alla sua carriera a causa di una relazione adulterina di tredici anni prima [TWMIP ha le sue buone ragioni, qui: né il generale né la signora né nessun altro soldato dovrebbero essere puniti per adulterio non consumati mentre sono di guardia durante un attacco nemico] arrivò la notizia [adoro questa frase in un giornale di opinione tanto potente quanto avaro di articoli che non abbiano dei numeri dentro] che una ragazzina del New Jersey aveva partorito un neonato nel bagno durante il ballo di fine anno del liceo, lo aveva gettato nella spazzatura ed era uscita per chiedere al DJ di suonare una canzone dei Metallica per il suo ragazzo. Il bambino è morto».

Indotto in errore dalla parola "ragazzina", m'immaginai una creaturina adolescente in preda al panico. Ma alcuni giorni dopo, quando una certa Melissa Drexler venne rinviata a giudizio con l'accusa di omicidio, il «Times» la identificò correttamente come una «donna di diciott'anni». In una foto recentemente pubblicata che la ritrae insieme al suo innamorato al ballo, i due dimostrano circa trent'anni. Ma a TWMIP andava faceva molto comodo ritrarre, falsamente, la signorina Drexler come l'ennesima bambina innocente corrotta dai "valori" del liberalismo *laissez-faire* all'americana, così diverso dal capitalismo *laissez-faire*, il bene supremo.

Questo è un «caos morale», lamenta l'autore. Direi piuttosto che questa è pura e semplice idiozia americana vecchio stile, in cui una maggioranza istupidita dalla religione viene cinicamente sobillata da un sistema la cui voce più fanatica è proprio il «Wall Street Journal».

«Nessuno ci dice niente di utile su come il paese possa prima o poi riemergere dalla palude della confusione sessuale». Potete continuare a ripetere questa frase all'infinito e, naturalmente, lo farete. Allora, invece che dare consigli inutili, smettetela di comprare spazi sui quotidiani per dare la colpa ai cosiddetti liberal. In un paese equamente diviso tra reazionari politici e maniaci religiosi, vedo meno liberal in giro che alberi che camminano o roveti in fiamme. L'autore del pezzo, tuttavia, ci tiene a sottolineare che il generale proscritto è stato trattato ingiustamente, mentre la "ragazza" col bambino è un dato statistico pronto da sfruttare per i giornalisti di destra, loro stessi non troppo lontani dalle detestabili sette di ascoltatori dei Metallica che buttano i bambini nel cesso: una situazione sgradevole, quest'ultima, che avrebbe potuto essere evitata grazie all'uso, diciamolo pure, di un preservativo mentre la "ragazza" e il "ragazzo" ebbero il loro rapporto sessuali.

E invece no. Ci dicono che il caos morale è il risultato dell'educazione sessuale e dell'avere «insozzato [testuali parole] la palude», con «i preservativi, che per quasi cinque anni sono stati offerti ai ragazzi da adulti che si aggiravano per i nostri licei [...] o da dispositivi situati, che coincidenza, nel bagno». Probabilmente nel confessionale sarebbe stato meglio, se possibile. Così, da un lato è male, e tutti siamo d'accordo, che una donna partorisca e poi abbandoni il bambino; ma dall'altro è altrettanto sbagliato, per qualche ragione metafisica, impedire che la stessa nascita avvenga. Quando queste oche attaccano a starnazzare, perdono ogni senso della relazione causa-effetto. Naturalmente, TWMIP ha il suo ordine del giorno: al di fuori del matrimonio, niente sesso per le classi inferiori e stretta sorveglianza per tutti, generali e gente di valore compresi, per colpa di quegli stessi liberal che ormai «non probiscono nulla e puniscono tutti». Questi sono ragionamenti dell'altro mondo.

Il ragionevole codice che tutto il mondo rispetta (tranne alcuni monoteisti fondamentalisti, ebrei, cristiani e musulmani) è che in materia di sesso, i rapporti consensuali non sono di competenza dello Stato. Gli Stati Uniti sono sempre rimasti indietro in questo campo, in parte a causa delle loro origini puritane e in parte per via della struttura sociale consolidata in millenni di vita agricola a coltivazione intensiva e a conduzione familiare. Questo sistema è stato messo a dura prova solo un secolo fa dalla Rivoluzione industriale e dell'urbanizzazione e, recentemente, dal mondo del terziario postindustriale, in cui la prostituzione "sicura" dovrebbe essere ormai diventata un gioiello scintillante.

Per quanto la "sproloquio" (una delle parole preferite della destra) nell'articolo del «Times» è per la maggior parte una farneticazione e non dovrebbe essere presa sul serio, lo spirito che sta dietro a tutto questo bla bla bla è significativamente ipocrita. A TW-MIP non interessa la morale. Al punto che qualsiasi azienda riesca a incrementare i profitti trimestrali avvelenando un fiume è da tenere cara. Ma il pezzo riflette la preoccupazione che la gente in genere, e in modo più evidente attraverso il sesso, stia cercando di liberarsi dei propri padroni, che diventano sempre più esigenti e insolenti nei loro dettami ("uno sciopero e sei fuori": questo è il loro piccolo sporco segreto). A metà sproloquio, il giornale arriva vicino al punto: «Molto semplicemente [*sic*], ciò che stiamo suggerendo qui è che il codice di comportamento sessuale degli Stati Uniti, stabilito in passato dalla religione, riusciva più o meno a mantenere la società in buona salute, a differenza di quanto accade nell'attuale e manifesto stato di catastrofe». Eccoci serviti. Dov'è Norman Lear, il creatore di *Mary Hartman, Mary Hartman*[27], ora che abbiamo bisogno di lui? Immaginate sullo schermo il grigio rivestimento esterno di un edificio, il cielo color ardesia, una musica sinistra. Poi la voce lamentosa di una donna che chiama: «Hester Prynne, Hester Prynne!»[28], mentre una A scarlatta lampeggiante invade lo schermo.

Nel suo essere talmente di retroguardia da sfiorare l'avanguardia, TWMIP ha effettivamente un obiettivo. Anche se credo che nessuno in redazione abbia mai sentito parlare di Vico, i nostri lettori ricorderanno che il filosofo napoletano del Settecento, partendo da Platone, individuò varie fasi organiche nella società umana. Prima il Caos. Quindi la Teocrazia. Quindi l'Aristocrazia. Quindi la Democrazia. Ma le repubbliche tendono a diventare imperiali e tiranniche, crollano e ritornano al Caos e poi alla Teocrazia, e un nuovo ciclo comincia. Al momento attuale, gli Stati Uniti sono una repubblica imperiale moderatamente caotica che sta per uscire di scena: niente di male, a meno che non ci sia una seria esplosione del Caos, nel qual caso una nuova era di religione incomberebbe su di noi. Chiunque abbia mai provato un po' d'affetto per la nostra vecchia Repubblica, non importa quanto perennemente contaminata da una certa esuberanza religiosa, non può non preferire il Caos al duro regno dei teocrati. Oggi possiamo vederli al loro peggio in Israele e in certi paesi islamici come l'Afghanistan. Fortunatamente, per il momento i loro regimi sociali non possono competere la brama universale di beni di consumo, con il nuovo mondo al termine della democrazia. E per quanto riguarda noi americani, riusciamo ancora a difendere il fortino contro le nostre personali mantidi religiose – per la maggior parte fondamentalisti cristiani complici di un capitalismo feroce, decadente e schiavo del totalitarismo, come sfacciatamente proclamato sul «New York Times» del 18 giugno 1997.

Il fronte è ormai tracciato. Mentre la sfortunata "ragazzina" del New Jersey dava indicazioni al DJ, la destra cristiana si stava organizzando per opporsi al permissivismo del mondo dello spettacolo. Il 18 giugno, alla loro convention annuale, i battisti del Sud hanno denunciato la Disney e il suo network televisivo, la ABC, per aver presentato una lesbica come un essere umano, per aver sguazzato in scene di violenza alla *Pulp Fiction* e per aver messo alla berlina i valori cristiani. Non ho visto la dichiarazione con tutti i dettagli (una lista di più di cento "proprietà" da boicottare è stata distribuita in giro) ma suona in tutto e per tutto come una testimonianza pretesca dei giorni gloriosi di Salem[29]. Per quanto, in queste pagine, io abbia criticato il cartello Disney per la sua dominazione dei media, ora devo schierarmi col mostro minacciato.

È giunto il momento che la Disney si scagli con tutto il peso della sua ricchezza contro i battisti: hanno bisogno di una lezione di diritto costituzionale che non dimenticheranno presto. Dovrebbero essere trascinati in tribunale sia per i soliti motivi di violazione del Primo Emendamento sia per limitazione della libera concorrenza economica. Inoltre, e vediamo di andare una volta per tutte al cuore del problema, l'esenzione fiscale sui redditi di tutte le chiese, dai battisti agli altrettanto assurdi e altrettanto pericolosi seguaci di Scientology, deve essere abolita.

L'originario *gentlemen's agreement* tra la Chiesa e lo Stato era che «Noi, il Popolo degli Stati Uniti» (lo Stato) non avremmo in nessun modo favorito o ostacolato nessuna religione e, visto che la religione è "cosa buona", la chiesetta sulla viuzza, da parte sua, non avrebbe dovuto pagare l'imposta fondiaria. Fu una distrazione. Nessuno si rese conto che i terreni di maggior valore nel cuore delle nostre vecchie città sarebbero andati esenti da imposte, mentre le chiese e i templi e gli accumulatori orgonici[30] aumentavano i loro patrimoni e portafogli. Il *des* per quest'enorme *do* era che la religione si sarebbe tenuta lontano dalla politica e non avrebbe imposto le sue superstizioni su di *Noi, il popolo*. La rottura di questo accordo è avvenuta molti anni fa. La scandalosa carriera del reverendo candidato alla presidenza Pat Robertson ne è il paradigma.

Dato che il Congresso non agirà mai, ci vuole un movimento popolare per emendare la Costituzione, anche se il testo originale del Primo Emendamento non dice una parola sull'imposta fondiaria o su altri diritti speciali di chiese, templi e accumulatori orgonici. Questa che la Disney dovrebbe dichiarare è una guerra utile, anche se mi rendo conto che di più vigliacco di una produzione cinematografica o di un network televisivo c'è solo un cartello costretto ad agire alla luce del sole. Ma se non lo farai, Lord Topo, 15,7 milioni di battisti spaccheranno il tuo culo da roditore, per non parlare di quelli di tutti noialtri.

«The Nation», 21 luglio 1997

Note

Tutte le note sono a cura della redazione.

1. Jerry Falwell e Pat Robertson, predicatori televisivi, descritti come due dei principi dell'estrema destra repubblicana. Fra le loro dichiarazioni successive all'attentato dell'11 settembre spiccano gli attacchi a «pagani, abortisti, femministe, gay e lesbiche» e alle associazioni per la separazione fra Stato e Chiesa: essi avrebbero «scacciato Dio dalla vita pubblica»; Dio si sarebbe di conseguenza «inferocito» e avrebbe consentito ai nemici dell'America di «darle ciò che probabilmente merita».

2. "Ummah" (in arabo 'popolo') è il termine che designa l'intera comunità dei musulmani, in quanto uniti dal vincolo della religione.

3. Fondo federale di solidarietà, i cui principali beneficiari sono pensionati, disoccupati, disabili.

4. In latino 'abbi il tuo corpo'. Antichissimo istituto del diritto consuetudinario del Regno Unito, risalente a epoche anteriori alla Magna Charta (1215), prendeva la forma di un'ingiunzione e prescriveva a chi tenesse in custodia una certa persona di consentirle di comparire "con il corpo" in tribunale per un determinato scopo (ad esempio, per partecipare a un processo a suo carico). A partire da Enrico VII (1485-1509), il principio protegge i cittadini dall'essere reclusi senza fondamenti legali. La Costituzione degli Stati Uniti assicura l'insospendibilità del principio «salvo quando, in caso di ribellioni o invasioni, la pubblica sicurezza possa esigerlo». Gli utilizzi dell'*habeas corpus* negli Stati Uniti sono molto vari. Ad esempio, si può richiedere un'ingiunzione di scarcerazione fondata su questo principio quando una persona venga arrestata senza una precisa incriminazione o quando la cauzione fissata sia eccessivamente elevata; o ancora quando si desideri contestare la validità di un mandato di estradizione.

5. Eschilo, *Eumenidi*, trad. di M. Valgimigli, in *Il teatro greco. Tutte le tragedie*, Sansoni, Firenze 1970.

6. Nel testo originale Vidal cita qui un lungo brano del suo *Shredding the Bill of Rights*. Il brano in questione si trova alla pagina 106 di questo stesso volume.

7. Il Quattordicesimo Emendamento alla Costituzione americana fu ratificato il 9 luglio del 1868. Esso è composto di cinque sezioni. Ecco il testo della prima, cui Vidal si riferisce: «*Sezione I*. Tutte le persone nate negli Stati Uniti o naturalizzate, e sottoposte alla loro legislazione, sono cittadini degli Stati Uniti e dello Stato nel quale risiedono. Nessuno Stato promulgherà o applicherà leggi che limitino i privilegi e le immunità dei cittadini degli Stati Uniti; né priverà alcuno della vita, della libertà o della proprietà senza giusto processo di legge; né negherà ad alcuno che si trovi sotto la sua giurisdizione l'eguale protezione della legge». Per gli altri emendamenti vedi la nota 18.

8. 'Questi stivali servono per camminare / ed è proprio questo che faranno. / Un giorno o l'altro questi stivali cammineranno sopra di te'.

9. Giudice della Corte Suprema dal 1991, successe al progressista Thurgood Marshall, imprimendo alla Corte una svolta decisamente conservatrice.

10. Personaggio de *I miserabili* di Victor Hugo (1862), prototipo del commissario-persecutore; nel libro la vittima del suo accanimento è il protagonista Jean Valjean.

11. A Los Alamos ha sede il laboratorio del Dipartimento Multidisciplinare per l'Energia dell'University of California. Wen Ho Lee, scienziato di origine taiwanese impiegato nel laboratorio, è stato incriminato (e licenziato) nel 1999 sotto l'accusa di aver trasmesso all'intelligence cinese informazioni fondamentali riguardanti progetti di armi nucleari. Arrestato nel dicembre dello stesso anno, Lee si è sempre proclamato innocente, accettando di dichiararsi colpevole solo di una delle cinquantanove accuse rivoltegli (aveva copiato documenti segreti su un computer personale). Tutte le altre sono cadute come castelli di carte. Wen Ho Lee è stato rilasciato nel settembre 2000. Non è stato riassunto ed è tuttora in causa con il laboratorio.

12. Nel 1928, decidendo del caso Olmstead, la Corte Suprema stabilì che il Quarto Emendamento non protegge i cittadini dalle intercettazioni telefoniche in quanto, nelle parole del giudice Taft,

«non si tratta di ispezioni di oggetti materiali». Il giudice Louis Brandeis (1856-1941) scrisse una celebre nota di dissenso.

13. Nome informale della bandiera americana.

14. Il riferimento è a John Brown, abolizionista che nel 1859 guidò la cattura dell'arsenale federale di Harpers Ferry, nel West Virginia. Brown voleva farne la base per un movimento di insurrezione degli schiavi. L'arsenale fu riconquistato dal generale Robert E. Lee e Brown venne impiccato. Presto si diffuse fra le file dell'esercito dell'Unione la canzone *John Brown's Body*, al cui testo fanno riferimento le ultime righe («*John Brown's body lies a mould'ring in the grave / his soul is marching on*»). Nel 1861, Julia Ward Howe dotò il motivo di un nuovo testo, creando così il *Battle Hymn of the Republic* (più noto in Italia con il nome improprio di *Glory Glory Hallelujah*).

15. Presidente della Camera dei Rappresentanti (1995-1998), conservatore e liberista accanito, implicato in vari scandali legati al conflitto d'interessi.

16. Il riferimento è al film *JFK* (1991) di Oliver Stone, il cui protagonista sostiene la tesi che la morte di John F. Kennedy sia da attribuire a un complotto fra la CIA e Lindon Johnson.

17. Fra il 1995 e il 1996, alcune decine di agricoltori e allevatori del Montana, che si definivano Freemen, 'uomini liberi', si asserragliarono nei loro ranch e dichiararono di aver fondato uno Stato indipendente. Essi non riconoscevano la legittimità dei governi federale, di Stato e di contea e si rifiutavano persino di registrare le loro automobili. Il 25 marzo 1996 due di loro furono tratti con la forza fuori dal loro "staterello" e arrestati per vari reati di frode bancaria. Ma i Freemen non si arrendevano. Memori dei recenti fatti di Waco e Ruby Ridge, le autorità cercarono di trovare soluzioni pacifiche e accrebbero la pressione sui ranch tagliando loro il telefono e la luce e limitando le visite dei familiari. Il 13 giugno 1996 sedici membri del gruppo si arresero: aveva così termine il più lungo assedio della moderna storia americana.

18. Durante il dibattito sull'adozione della Costituzione americana, i suoi oppositori, ricordando le recenti violazioni dei diritti civili da parte degli inglesi prima e durante la Rivoluzione, sostenevano che, nella stesura fino ad allora proposta, essa avrebbe aperto la strada alla tirannia. Richiesero dunque un documento che elencasse le libertà individuali di cui i cittadini avrebbero goduto. Nel ratificare la Costituzione, molti dei parlamenti statali si dichiararono a favore dell'approvazione di emendamenti alla Costituzione. Il 25 set-

tembre 1789, il Primo Congresso degli Stati Uniti propose dunque ai parlamenti statali dodici emendamenti alla Costituzione che raccoglievano le principali obiezioni alla stesura iniziale. Gli articoli dal 3 al 12 furono ratificati da almeno tre quarti dei parlamenti statali, e costituirono dunque i primi dieci emendamenti alla Costituzione americana, noti come "Bill of Rights" ('Carta dei Diritti'). Ne forniamo qui di seguito la traduzione italiana.

Primo Emendamento
Il Congresso non potrà fare alcuna legge per il riconoscimento di qualsiasi religione o per proibirne il libero culto; per limitare la libertà di parola o di stampa o il diritto che hanno i cittadini di riunirsi in forma pacifica e di inoltrare petizioni al governo per la riparazione di torti subiti.

Secondo Emendamento
Essendo necessaria alla sicurezza di uno Stato libero una ben ordinata milizia, il diritto dei cittadini di tenere e portare armi non potrà essere violato.

Terzo Emendamento
Nessun soldato, in tempo di pace, potrà essere alloggiato in una casa privata senza il consenso del proprietario; né potrà esserlo in tempo di guerra, se non nei modi che verranno prescritti dalla legge.

Quarto Emendamento
Il diritto dei cittadini a godere della sicurezza per quanto riguarda la propria persona, la propria casa, le proprie carte e le proprie cose contro perquisizioni e sequestri ingiustificati non potrà essere violato; e nessun mandato giudiziario potrà essere emesso, se non in base a fondate supposizioni, appoggiate da un giuramento o da una dichiarazione sull'onore e con descrizione specifica del luogo da perquisire, oltre che delle persone da arrestare o delle cose da sequestrare.

Quinto Emendamento
Nessuno sarà tenuto a rispondere di reati che comportino la pena capitale o comunque infamanti, se non per denuncia o accusa fatta da una gran giurì, a meno che il reato non sia compiuto da individui appartenenti alle forze di terra o di mare, o alla milizia, quando questa si trovi in servizio attivo, in tempo di guerra o di pericolo pubblico: né alcuno potrà essere sottoposto due volte, per un medesimo delitto, a un procedimento che comprometta la sua vita o la sua integrità fisica; né potrà essere obbligato, in qualsiasi causa penale, a deporre contro sé medesimo, né potrà essere privato della vita, della libertà o dei beni, se non in seguito a giusto processo di legge; e nessuna proprietà potrà essere destinata a uso pubblico, senza giusto indennizzo.

Sesto Emendamento
In ogni processo penale, l'accusato avrà il diritto di essere giudicato sollecitamente e pubblicamente da una giuria imparziale dello Stato e del distretto in cui il reato è stato commesso (i limiti del quale distretto saranno stati precedentemente determinati per legge); e avrà diritto di essere informato della natura e del motivo dell'accusa; di essere messo a confronto con i testimoni a carico, di far comparire testimoni a suo favore e di farsi assistere da un avvocato per la sua difesa.

Settimo Emendamento
Nelle cause che dovranno essere giudicate a norma della Common Law [il diritto consuetudinario], il diritto al giudizio a mezzo di giuria sarà mantenuto ogni volta che l'oggetto della controversia superi il valore di venti dollari; e nessun fatto giudicato da una giuria potrà essere sottoposto a nuovo esame in qualsiasi altra Corte degli Stati Uniti, se non secondo le norme della Common Law.

Ottavo Emendamento
Non si dovranno esigere cauzioni esorbitanti, né imporre ammende eccessive, né infliggere pene crudeli e inusitate.

Nono Emendamento
L'enumerazione di alcuni diritti fatta nella Costituzione non potrà essere interpretata in modo che ne rimangano negati o menomati altri diritti goduti dai cittadini.

Decimo Emendamento
I poteri non delegati dalla Costituzione agli Stati Uniti, o da essa non vietati agli Stati, sono riservati ai rispettivi Stati, ovvero al popolo.

19. I primi due versi della celebre canzoncina *Twinkle Twinkle Little Star* («Luccica luccica stellina / come sei meravigliosa»; la musica è di Mozart) vengono qui ironicamente storpiati tramite il riferimento a Kenneth Starr, il pubblico ministero autore del rapporto sull'affaire Lewinsky.

20. Madison (1751-1836) fu il quarto presidente degli Stati Uniti (1809-1817). Da membro della Camera dei Rappresentanti, sostenne l'approvazione dei Dieci Emendamenti. Mason, grande statista americano (1725-1792), insisté sull'importanza dei diritti civili individuali e fu precursore dell'abolizionismo.

21. La Commissione Trilaterale è un'organizzazione semi-ufficiale creata nel 1973, che riunisce altissime personalità della finanza e della politica, docenti universitari, esponenti sindacali e giornalisti. Questi personaggi provengono da Stati Uniti, Europa e

Giappone. Il nome rimanda all'idea di un'azione comune delle élites delle tre grandi aree del mondo industrializzato. Ispiratore e creatore dell'organizzazione è stato David Rockefeller. Decisamente proglobalizzazione, la Commissione riunisce soggetti "privati" – finanzieri, banche e multinazionali – che rappresentano da soli più della metà del potenziale economico dell'intero pianeta.

22. Più volte candidato alla Casa Bianca per il partito Democratico, Lyndon LaRouche è economista di spicco e critico implacabile dei grandi poteri economici e della politica estera degli Stati Uniti.

23. Il riferimento ironico è a *I dieci comandamenti* (1956), celeberrimo film di Cecil B. DeMille in cui Heston interpreta il ruolo di Mosè.

24. A Crapper, idraulico londinese, è attribuita – secondo alcuni, erroneamente – l'invenzione del WC verso il 1890. Il suo cognome è, in inglese, un termine volgare per 'tazza del gabinetto'.

25. Internal Revenue Service, l'erario statunitense.

26. La giornata nazionale americana per la riforestazione, festeggiata l'ultimo venerdì di aprile.

27. Norman Lear, autore e produttore televisivo, scrisse vari telefilm, tra cui *All in the Family* e *I Jefferson*. *Mary Hartman, Mary Hartman*, mai trasmesso in Italia, era incentrato sulle vicissitudini familiari della protagonista ma anche su temi sociali.

28. La protagonista del celeberrimo *La lettera scarlatta* (1850) di Nathaniel Hawthorne. Nella Boston puritana del Seicento, Hester Prynne ha una figlia da un amore illegittimo ed è condannata a portare per tutta la vita, ritagliata da lei stessa in un panno scarlatto e cucita sul petto, la lettera A di "adultera".

29. Il riferimento è alle diciannove "streghe" impiccate fra il maggio e l'ottobre del 1692 a Salem, nel Massachusetts. Almeno centocinquanta altre sospettate furono imprigionate.

30. Nella teoria psicoanalitica di Wilhelm Reich (1897-1957), l'orgone è un eccesso di energia sessuale o di forza vitale diffuso in tutto l'universo e che può essere raccolto e accumulato in appositi dispositivi per un successivo uso terapeutico. La sua teoria incontra tuttora sostenitori e il web pullula di offerte di accumulatori del genere.

Indice

La fine della libertà

Collana «Le strade»

Collana «Le terre»

Finito di stampare
nel mese di novembre 2001
dalle Grafiche del Liri s.r.l.
Via Napoli, 85 - Isola del Liri (Fr)
per conto di
Fazi Editore